国家"双高"建设项目系列教材

全国测绘地理信息职业教育新形态教材

国土空间规划
理论与实践

主 编 蔡 希

副主编 孙华伟 容伊梨

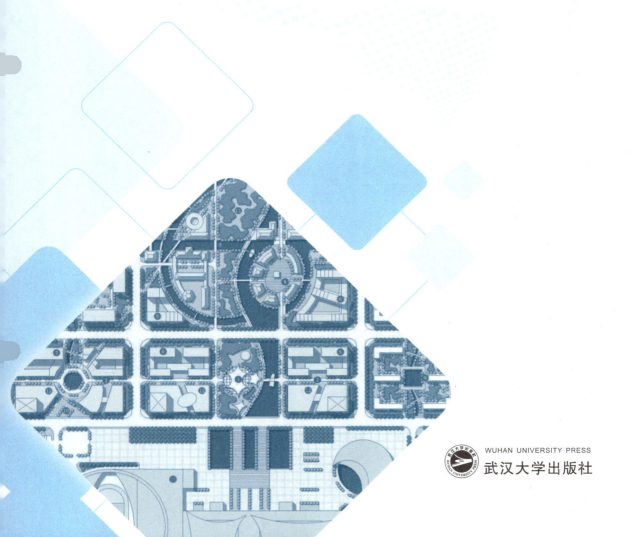

WUHAN UNIVERSITY PRESS

武汉大学出版社

图书在版编目(CIP)数据

国土空间规划理论与实践 / 蔡希主编；孙华伟,容伊梨副主编.
武汉 : 武汉大学出版社, 2025.8. -- 国家"双高"建设项目系列教材
全国测绘地理信息职业教育新形态教材. -- ISBN 978-7-307-25081-9

Ⅰ. TU98

中国国家版本馆 CIP 数据核字第 2025WE8193 号

责任编辑:史永霞　　　责任校对:鄢春梅　　　版式设计:马　佳

出版发行:**武汉大学出版社**　　(430072　武昌　珞珈山)
　　　　　(电子邮箱:cbs22@ whu.edu.cn 网址:www.wdp.com.cn)
印刷:湖北诚齐印刷股份有限公司
开本:787×1092　　1/16　　印张:10　　字数:250 千字
版次:2025 年 8 月第 1 版　　2025 年 8 月第 1 次印刷
ISBN 978-7-307-25081-9　　定价:35.00 元

前　　言

国土空间规划是顺应治理现代化、生态文明建设、高质量发展等重大战略需求,对传统空间规划进行的系统性整合与重构,是空间规划在理念、方法、技术、内容体系等方面的系统性变革。本书作为一部关于国土空间规划理论与实践的概述性、导引性教材,聚焦国土空间规划的基本原理,阐述国土空间的内涵与规划的基本价值观,梳理空间规划理论、思想的演变脉络与空间发展的基本规律;解析生态文明导向下的国土空间规划体系及核心内容,同时阐释国土空间规划的技术方法、实施管理等支撑体系。

本教材为新形态融媒体教材。为了帮助读者更好地学习教材内容,本书提供配套数字教学资料,如有需要,可以打开"国土空间规划理论与实践"链接 https://mooc.icve.com.cn/cms/courseDetails/index.htm? cid=cxggdg044cx164 或扫描下面二维码免费获取。

本书适用于城乡规划、土地资源管理、资源环境、公共管理等学科的专业教材,也可供从事国土空间规划编制与管理实践的人员参考。

限于编者水平、经验有限,书中难免存在疏漏之处,欢迎使用本教材的老师和广大读者提出宝贵意见,以便进一步修正与完善。

编者

2025 年 5 月

目　　录

课程导入 ……………………………………………………………………………… 1

项目 1　城乡规划概述 ………………………………………………………………… 2
　任务 1.1　认知家乡的城乡空间 …………………………………………………… 4
　　1.1.1　现场踏勘 ………………………………………………………………… 4
　　1.1.2　资料收集 ………………………………………………………………… 5
　　1.1.3　调查访谈 ………………………………………………………………… 6
　任务 1.2　城市与乡村的差异 ……………………………………………………… 7
　任务 1.3　城乡规划的特点与影响因素 …………………………………………… 7
　　1.3.1　城市规划与城乡规划的关系 ……………………………………………… 7
　　1.3.2　城乡规划的特点 …………………………………………………………… 8
　　1.3.3　城乡规划的影响因素 ……………………………………………………… 8

项目 2　城乡规划体系 ………………………………………………………………… 10
　任务 2.1　城乡规划法规体系 ……………………………………………………… 11
　　2.1.1　我国法律体系的构成 ……………………………………………………… 11
　　2.1.2　我国城乡规划的法规体系 ………………………………………………… 13
　任务 2.2　城乡规划行政体系 ……………………………………………………… 15
　　2.2.1　规划行政管理体制 ………………………………………………………… 15
　　2.2.2　城乡规划行政主管部门 …………………………………………………… 15
　　2.2.3　城乡规划行政主管部门的职责与权限 …………………………………… 16
　　2.2.4　城乡规划行政管理机制 …………………………………………………… 16
　任务 2.3　城乡规划技术体系 ……………………………………………………… 17
　　2.3.1　城乡规划体系构成 ………………………………………………………… 17
　　2.3.2　规划编制的技术依据 ……………………………………………………… 18
　任务 2.4　城乡规划运作体系 ……………………………………………………… 19
　　2.4.1　法定规划的运作 …………………………………………………………… 19
　　2.4.2　开发控制制度 ……………………………………………………………… 22
　　2.4.3　遥感督察工作制度 ………………………………………………………… 23

项目3　城市的产生与发展 ·· 24

任务3.1　城市的产生与发展 ·· 26

3.1.1　居民点的形成 ·· 26

3.1.2　城市的形成 ·· 26

3.1.3　城市发展 ··· 27

任务3.2　城市与城市规模 ·· 30

3.2.1　城市定义 ··· 30

3.2.2　城市与城镇的区别 ······································ 31

3.2.3　城市规模 ··· 32

任务3.3　中国古代的城市发展 ······································ 33

3.3.1　殷周时代的城市 ·· 33

3.3.2　春秋战国时期的城市 ····································· 34

3.3.3　秦汉时期的城市 ·· 34

3.3.4　三国时期的城市 ·· 34

3.3.5　隋唐时期的城市 ·· 35

3.3.6　宋朝时期的城市 ·· 35

3.3.7　元朝时期的城市 ·· 36

3.3.8　明清时期的城市 ·· 36

任务3.4　城镇化 ·· 37

3.4.1　城镇化的定义 ·· 37

3.4.2　城镇化率 ··· 37

3.4.3　城镇化进程的表现特征 ··································· 38

3.4.4　世界城镇化历程 ·· 38

3.4.5　中国的城镇化道路 ······································ 39

3.4.6　新型城镇化 ·· 39

项目4　城乡规划思想的演进 ·· 41

任务4.1　中国古代城乡规划思想 ···································· 42

4.1.1　奴隶社会 ··· 42

4.1.2　封建社会 ··· 44

任务4.2　西方古代的城乡规划思想 ·································· 48

4.2.1　西方古代两河流域的规划思想 ······························ 48

4.2.2　古埃及的规划思想 ······································ 49

4.2.3　古希腊的规划思想 ······································ 49

4.2.4　古罗马的规划思想 ······································ 50

4.2.5　欧洲中世纪的规划思想 ··································· 51

任务 4.3　现代城乡规划思想发展 ……………………………………………… 51

　4.3.1　空想社会主义 ………………………………………………………… 51

　4.3.2　田园城市 ……………………………………………………………… 52

　4.3.3　线形城市 ……………………………………………………………… 54

　4.3.4　工业城市 ……………………………………………………………… 54

　4.3.5　城市美化运动 ………………………………………………………… 54

　4.3.6　城市集中主义 ………………………………………………………… 55

　4.3.7　分散主义思想 ………………………………………………………… 56

　4.3.8　雅典宪章 ……………………………………………………………… 57

　4.3.9　有机疏散理论 ………………………………………………………… 57

　4.3.10　邻里单位理论 ………………………………………………………… 58

　4.3.11　卫星城理论 …………………………………………………………… 58

　4.3.12　理性主义规划理论及其批判 ………………………………………… 59

　4.3.13　城市设计研究 ………………………………………………………… 59

　4.3.14　社会学批判、决策理论和新马克思主义 …………………………… 60

　4.3.15　《马丘比丘宪章》 …………………………………………………… 60

　4.3.16　可持续发展的规划思想 ……………………………………………… 60

任务 4.4　城乡规划发展与变革 …………………………………………………… 61

　4.4.1　城市发展趋势 ………………………………………………………… 61

　4.4.2　城乡规划思想方法变革 ……………………………………………… 61

项目 5　国土空间规划基础理论 …………………………………………………… 63

任务 5.1　国土空间规划历史沿革 ………………………………………………… 65

　5.1.1　土地利用规划 ………………………………………………………… 65

　5.1.2　城乡规划 ……………………………………………………………… 65

　5.1.3　主体功能区规划 ……………………………………………………… 65

　5.1.4　生态空间类规划 ……………………………………………………… 66

　5.1.5　国土规划 ……………………………………………………………… 66

　5.1.6　国土空间规划的由来 ………………………………………………… 66

任务 5.2　国土空间规划概述 ……………………………………………………… 67

　5.2.1　国土空间的定义 ……………………………………………………… 67

　5.2.2　国土空间规划的定义 ………………………………………………… 67

　5.2.3　国土空间规划编制的意义 …………………………………………… 68

　5.2.4　国土空间规划框架 …………………………………………………… 68

　5.2.5　国土空间规划的内容 ………………………………………………… 68

任务 5.3　国土空间规划用地用海分类 …………………………………………… 69

5.3.1　编制目的 ……………………………………………………………… 70

5.3.2　分类原则 ……………………………………………………………… 70

5.3.3　用地用海分类 ………………………………………………………… 70

5.3.4　用地用海分类指南的主要特点与变化 ……………………………… 71

项目6　国土空间总体规划 …………………………………………………… 72

任务6.1　国土空间总体规划概述 …………………………………………… 73

6.1.1　国土空间总体规划的概念 …………………………………………… 73

6.1.2　国土空间总体规划的特性 …………………………………………… 73

6.1.3　国土空间总体规划的目标 …………………………………………… 74

任务6.2　国土空间总体规划编制 …………………………………………… 75

6.2.1　国土空间总体规划编制原则 ………………………………………… 75

6.2.2　国土空间总体规划编制内容 ………………………………………… 76

6.2.3　国土空间总体规划成果报批与公示 ………………………………… 84

任务6.3　"三区三线"的划定 ……………………………………………… 85

6.3.1　背景及概念界定 ……………………………………………………… 85

6.3.2　"三区三线"划定意义 ……………………………………………… 87

6.3.3　生态保护红线划定 …………………………………………………… 88

6.3.4　永久基本农田保护红线划定 ………………………………………… 91

6.3.5　城镇开发边界划定 …………………………………………………… 92

任务6.4　国土空间总体规划中城市发展战略的确定 ……………………… 94

6.4.1　城市发展目标 ………………………………………………………… 94

6.4.2　城市职能 ……………………………………………………………… 95

6.4.3　城市性质 ……………………………………………………………… 95

任务6.5　国土空间规划中的总体布局 ……………………………………… 96

6.5.1　城市发展方向 ………………………………………………………… 96

6.5.2　城市功能与结构 ……………………………………………………… 96

6.5.3　城市形态 ……………………………………………………………… 97

任务6.6　国土空间总体规划中的用地布局 ………………………………… 98

6.6.1　居住用地 ……………………………………………………………… 98

6.6.2　公共管理与公共服务设施用地 ……………………………………… 98

6.6.3　工业用地 ……………………………………………………………… 98

6.6.4　绿地与广场 …………………………………………………………… 99

任务6.7　国土空间总体规划中城乡用地构成与人均建设用地面积指标 …… 99

6.7.1　城乡用地构成 ………………………………………………………… 99

6.7.2　人均建设用地面积指标 ……………………………………………… 100

任务 6.8　国土空间总体规划中城乡用地适用性评价 ……………………… 101

6.8.1　用地与自然环境之间的关系 ………………………………… 101

6.8.2　自然环境条件分析 …………………………………………… 102

6.8.3　用地适用性评定 ……………………………………………… 104

任务 6.9　广东省国土空间总体规划 …………………………………………… 106

6.9.1　规划定位 ……………………………………………………… 106

6.9.2　规划目标 ……………………………………………………… 106

6.9.3　总体布局 ……………………………………………………… 106

6.9.4　空间保护格局 ………………………………………………… 107

任务 6.10　南雄市国土空间总体规划 ………………………………………… 108

6.10.1　规划成果 …………………………………………………… 108

6.10.2　现状分析 …………………………………………………… 108

6.10.3　发展战略 …………………………………………………… 108

6.10.4　南雄市县域高质量发展新格局 …………………………… 109

6.10.5　中心城区规划 ……………………………………………… 111

6.10.6　实施保障 …………………………………………………… 111

项目 7　国土空间详细规划 ……………………………………………………… 113

任务 7.1　控制性详细规划 ……………………………………………………… 114

7.1.1　控制性详细规划的作用 ……………………………………… 114

7.1.2　控制性详细规划的任务 ……………………………………… 115

7.1.3　控制性详细规划的内容 ……………………………………… 115

7.1.4　控制指标体系 ………………………………………………… 116

7.1.5　控制性详细规划的成果要求 ………………………………… 120

任务 7.2　湛江海东新区起步区控制性详细规划 …………………………… 120

7.2.1　项目概况 ……………………………………………………… 120

7.2.2　功能定位 ……………………………………………………… 120

7.2.3　空间谋划 ……………………………………………………… 121

7.2.4　配套设施 ……………………………………………………… 121

7.2.5　特色营造 ……………………………………………………… 122

任务 7.3　修建性详细规划 ……………………………………………………… 122

7.3.1　修建性详细规划的任务 ……………………………………… 122

7.3.2　修建性详细规划的编制内容 ………………………………… 122

7.3.3　修建性详细规划的成果 ……………………………………… 123

7.3.4　修建性详细规划编制步骤 …………………………………… 123

任务 7.4　南通市中央商务区修建性详细规划 ································· 123

  7.4.1　项目概况 ························· 123

  7.4.2　方案形成 ························· 124

  7.4.3　建筑空间布局 ····················· 125

  7.4.4　三维渲染 ························· 125

任务 7.5　村庄规划 ·························· 128

  7.5.1　村庄规划概述 ····················· 128

  7.5.2　村庄规划的层次体系 ·················· 130

  7.5.3　广东省村庄规划新要求 ················· 131

项目 8　国土空间专项规划 ····················· 134

任务 8.1　城市设计 ·························· 135

  8.1.1　城市设计的定义 ···················· 135

  8.1.2　城市设计的内容 ···················· 135

  8.1.3　城市设计的原则 ···················· 135

  8.1.4　城市设计的要素 ···················· 136

  8.1.5　案例——威尼斯 ···················· 137

任务 8.2　横琴一体化区域洪湾智慧城新型产业园城市设计 ······· 138

  8.2.1　产业定位 ························· 138

  8.2.2　功能布局 ························· 139

  8.2.3　近期行动 ························· 141

任务 8.3　道路交通规划 ······················ 141

  8.3.1　城镇道路交通存在的问题 ················ 141

  8.3.2　城市交通系统与城市发展 ················ 142

  8.3.3　城市交通与城市规划布局的关系 ············· 142

  8.3.4　城市道路系统规划 ··················· 142

  8.3.5　停车场布局 ······················ 145

  8.3.6　对外交通规划 ····················· 146

参考文献 ······························ 149

课　程　导　入

21 世纪以来，我国城市与乡村均实现了前所未有的发展。城乡发展离不开规划的引领，从宏观层面的战略规划、总体规划到微观层面的详细规划，各类规划对城乡社会的全面协调可持续发展发挥着重要的引领作用。近 30 年来，随着社会经济的快速发展与城镇化进程的持续推进，我国的国际竞争力不断提升。在未来的发展中，大、中、小城市及广大乡村对规划学科专业人才的需求将日益迫切。快速城镇化进程对城乡规划学科领域具备综合性、跨学科素养的专业人才提出了明确要求，而城乡规划人才队伍的建设不仅关系到我国城镇化的质量水平，更涉及经济运行的可持续性、社会安全与生态安全等重要领域。

随着城乡建设的突飞猛进，发展形势的持续变化，城乡规划面临的问题与挑战也日益增多。城市规划向城乡规划的转变，标志着城乡二元结构被打破，我国进入城乡一体化发展的新阶段。随着国土空间规划的提出，城乡规划需要进一步承担起文化传承、美丽国土建设乃至地缘政治协调等职能，且必须始终与国土空间规划保持有机协调。

"国土空间规划理论与实践"是国土空间规划与测绘专业的核心课程，也是该专业课程体系中至关重要的规划类基础课程。

本课程内容涵盖城乡规划概述、城乡规划体制、城市的产生与发展、城乡规划思想的演进、国土空间规划概述、国土空间总体规划、国土空间详细规划及国土空间专项规划等。其中，城乡规划中的城镇空间发展布局、城市用地布局、综合交通规划、城市历史文化遗产保护、市政公用设施规划布局等内容，直接影响着城乡发展的质量与方向，只有扎实地掌握其内在原理，才能更科学地为城乡发展绘制蓝图。本课程不仅能为后续"国土空间规划管理实务"等课程的学习奠定坚实基础，也能为学生未来从事规划行业相关工作筑牢知识根基。

课程目标分为知识目标与素养目标。通过微课将知识点拆解并逐一攻克，以此达成知识目标的要求；思政园地则为职业素养目标的实现提供了有效途径。

思政园地对本课程而言至关重要。由于本课程的研究对象聚焦城乡，而城乡发展的核心在于人，因此"以人为本"是城乡规划原理与设计课程的核心要义。整个课程主要涉及七个思政落脚点，分别是：树立可持续发展与和谐发展的价值观；践行土地资源集约节约利用理念；传承工匠精神，体悟中国古代人民的智慧；尊重城市历史文化，保护和传承传统文化，彰显城市文化自信；遵循有法可依、有法必依、执法必严、违法必究的法治原则；坚守原则和底线，保障公众利益；积极引导公众参与，关注弱势群体的需求。通过案例教学与知识点的融合，以润物细无声的方式向学生传递正确的价值观。

项目 1　城乡规划概述

📝 项目概述

本项目主要介绍城乡规划的基本概念、城镇与乡村的区别、影响城乡规划编制的因素、调研的基础方法与资料收集技巧，帮助学习者对城乡规划形成初步且全面的认识和理解。

📝 学习目标

知识目标：①认知城市、乡村等地理空间形态，理解城乡构成的复杂性特征；②学会观察所处空间中的人物活动与事物状态，并能系统梳理、形成规范的观察结果。

素养目标：①提升规划调研中的沟通协调能力，强化发现问题与分析问题的实践能力，培育认真细致、精益求精的职业作风；②树立城乡可持续发展理念，增强对弱势群体的关注意识，践行规划服务民生的价值导向。

📝 关键内容

重点：①城乡区别，城市、城镇、乡村、城市规划、城乡规划等概念；②认知方法和调研方法；③城乡规划的基本价值观及城乡规划的可持续、和谐发展路径。

难点：①定义辨析；②资料收集与整理。

📝 思政园地

城市的建设给地球带来了巨大的压力。我们在不断地向自然索取，却忘记了对它的保护。所以，我们这里要讲的第一个价值观就是可持续发展的价值观。做规划得着眼于长远，全面、综合地权衡局部利益与全局利益、眼前利益与长远利益、经济利益与社会利益等的关系，实现社会的健康可持续发展。

我们从现象看，森林被砍伐、土地被污染、空气变浑浊、农田被占用、天气变得极端恶劣、洪水内涝……这些都跟我们人类的建设发展、城市无限扩张有着紧密的关系。

我们从数据看，城市只占全球土地面积的 3%，却消耗了 60%～80% 的能源，排放了 75% 的二氧化碳。快速城市化给淡水供应、污水处理、生活环境和公共卫生都带来了巨大压力。截至 2016 年，全球 90% 的城市居民呼吸着不符合安全标准的空气，420 万人死于空气污染，超过半数的城市人口呼吸着污染级别高于安全标准 2.5 倍的空气。

可持续发展价值观

地球还能承受得了吗？我们的后代还能幸福生活吗？其实 20 世纪 80 年代可持续发展这一概念就已经被提出。1987 年，世界环境与发展委员会（World Commission on

Environment and Development，WCED）发表报告《我们共同的未来》，将"能满足当代人的需求，又不对后代人满足其需要的能力构成危害的发展"称为可持续发展。要做到可持续就必须协调"需要"和"限制"这两个方面。这里的需要，指的是基本需要，不是任何需要；没有限制的需要是无止境的，所以这里的限制要以将来是否能满足需要来进行衡量。

1. 经济的可持续发展

生产和消费推动全球经济发展，但目前人们过度依赖于对自然资源和环境利用的模式，会持续地对地球造成破坏性影响。这意味着我们要探索用更少的资源做更多、更好的事，也意味着我们需要减少经济增长与环境退化之间的关联，提高资源利用效率，促进可持续生活方式，向低碳和绿色经济过渡。我们可以科学创新和提高技术，采用更可持续的生产和消费模式；可以通过创造就业机会，带动与旅游业密切相关的地方文化和产品的可持续发展；可以提高资源和能源的利用效率，实现低碳和绿色经济。

2. 生态的可持续发展

2019 年，大气中的二氧化碳和其他温室气体含量达到新高；海洋升温，冰川融化，海平面上升；每年有 1 200 万公顷土地（相当于每分钟大约有 23 公顷土地）被干旱和荒漠化吞噬；在已知的 8 300 种动物物种中，8% 已经灭绝，22% 濒临灭绝。规划师要尽可能保护、恢复和促进陆地生态系统，防治荒漠化，制止和扭转土地退化，遏制生物多样性的丧失；保护和可持续利用海洋资源；采取紧急行动应对气候变化及其影响。

3. 社会的可持续发展

2018 年，全球有 8% 的工人及其家庭生活在极端贫困中，1.49 亿 5 岁以下的儿童仍然长期营养不良。全球有 6.17 亿青少年缺乏基本的数学和识字技能。从社会生活角度看，有很多问题需要在规划中考虑。比如，如何营造满足健康生活需求的城乡空间，如何照顾到各个年龄段人群的需求；在规划中采取什么措施或策略消除城乡差异，保障粮食安全，促进农业可持续发展；如何确保包容和公平的优质教育，让全民享有终身学习的机会。

和谐发展价值观

城市是一个复杂的综合体，夹杂着各种各样的利益关系，规划与管理需要平衡这些关系，追求整体的和谐发展。

1. 人与自然的环境和谐

城市从产生伊始就意味着与自然对立，工业革命之后这种对立尤为加剧。人作为自然的一部分，与自然母体疏远，必然给个体及社会群体带来各方面的问题。人与自然的环境和谐是对现代工业文明破坏自然环境做法的反思。我们要做的是尊重自然，尽可能减少资源和能源的浪费。

2. 人与人的社会和谐

城市是人类群居的场所，不同年龄、不同社会背景、不同价值取向及其他诸多差异的人，在一起生活、工作、学习、娱乐，必然产生各种各样的利益纠葛和矛盾。追求人与人的社会和谐，就是协调不同文化、经济背景的城市居民的利益和诉求，避免在城市范围内出现社会空间的强烈分割和对抗，最终达到和谐共处。

3. 历史与未来发展的和谐

城市的发展史是延续的，今天的城市是在历史的基础上形成的，同时，今天所做的一切也将成为未来的历史，其间贯穿的是城市的文脉。我们的文化自信怎么建立，历史的传承将起到非常重要的作用。追求历史与未来发展的和谐，就是要注重保持城市发展过程中的历史延续性，保护文化遗产。我们所做的规划，不仅会影响到当前城市的发展，也将影响未来人们的日常生活与工作。

通过可持续发展价值观、和谐发展价值观的介绍，希望同学们能体会到作为规划师的职责，思考我们所要肩负的使命。

任务 1.1　认知家乡的城乡空间

城乡是个复杂庞大的系统，我们规划建设它，首先需要了解和认知它。可以从认知家乡开始，从不同方面、不同角度去认知，这个任务将贯穿整个课程。

要了解和认知家乡，最主要的途径是调研。可以从社会、空间和生态三个方面开展调研，在调研过程中发现问题，并分析这些问题产生的原因。

一般意义上的调研是有目的的，即调查研究活动所要达到的预期结果。比如：为了什么进行调查，以及通过调查达到什么目标、发挥什么作用、解决什么问题。所以，进行调查研究或为了理论研究，或为了解决和预测某些问题。针对城乡规划所做的调研，是为了掌握规划对象的情况，为之后制订更适合的城乡发展方案提供依据。

想获得对规划有用的资料一般有三个途径，一是对规划对象进行现场踏勘，了解其整体建设情况和各功能空间的布局现状；二是收集相关部门资料，获得相关信息和数据；三是对相关人员进行调查访谈，了解各利益方的诉求。规划师需要对不同途径获得的调研资料进行分析研究，得出能指导制订规划方案的信息。

1.1.1　现场踏勘

现场踏勘不只是去现场测量，还包括了解地形地貌、场地大小和形状等。首先，去现场之前要做很多准备工作，比如熟悉并打印出规划范围的地形图和航拍图。图上已经有明确的地形地貌数据，有建筑、地物等布局的形态和位置；但因为地形图和航拍图的制作时间不一定相同，规划前需要确认规划范围内及规划区周边的建设是否发生了改变，可能有些建筑已经拆除，有些建筑的功能发生了变化等，在现场踏勘时需对这两张图进行简单的修正。其次，要了解规划范围内用地功能、建筑质量、建筑风格、建筑层数等信息，判断空间景观特色；了解规划范围内道路交通情况，包括道路红线宽度、道路横断面形式、道路拥堵情况、道路绿化情况等；了解规划范围内各类公共服务设施的配套情况，包括公共服务设施的数量、种类和级别等；了解规划范围外可为规划范围提供配套服务的各种设施情况，包括文化、教育、医疗等设施。最后，在完成实地踏勘后，需要对各个方面的情况进行汇总，形成各个专项的现状图纸，包括现状用地图、建筑现状分析图、区位图等。

现场踏勘时主要用到的是观察、体验、测量和记录的方式。值得一提的是，现在用到了很多新的设备，如无人机、GPS 等。这些新的设备能大幅提高踏勘的效率。

1.1.2　资料收集

调研收集到的资料有各种形式。从范畴上看,有现状资料(如每年的统计年鉴),也有规划资料(如与规划范围相关的已编制完成的各种规划);从形式上看,有图纸类资料(如航拍图、地形图),也有文字类资料(如政府文件等);从保密角度看,有保密资料(如地形图),也有非保密资料(如 GDP 数据等);从资料的载体上看,有纸质资料,也有电子资料。十多年前很多地方关于地块的宗地信息都是纸质的,没有办法准确定位地块位置,而现在各地方宗地信息都信息化了,信息既准确也便于查询。

无论什么形式,从各个部门收集的资料数据都是基于该部门的职能,比如从交通部门获得交通流量数据、拥堵数据等,从环保部门了解土壤、水质情况,从教育部门了解中小学、幼儿园的学位及布局情况等。表 1-1 列举了政府主要职能部门可以提供的基础资料。由于各地的部门设置、职能分工不完全相同,其提供的基础资料可能会有所区别。

表 1-1　政府主要职能部门可以提供的基础资料

部门	基 础 资 料	部门	基 础 资 料
发展改革部门	国民经济和社会发展现状及规划	林业部门	林业保护规划、林业生态红线
	重点建设项目库		公益林、自然保护区、森林公园、湿地公园范围
自然资源部门	地形图、影像图		林业资源调查
	土地利用现状变更调查		林业产业发展规划
	国有土地使用证、集体土地所有证用地范围	农业部门	农业发展现状及规划
	土地利用总体规划	教育部门	教育设施现状及规划
	土地整治规划	卫生部门	医疗卫生设施现状及规划
	地质灾害分布情况及防治规划	文广新部门	不可移动文物分布情况
环境保护部门	饮用水源保护区等级及范围		非物质文化遗产情况
	生态保护红线划定		文化设施分布情况
	环境保护规划		文化事业发展规划
	产业发展负面清单	体育部门	体育设施现状及规划
	环境质量报告	民政部门	社会福利设施现状及规划

部门	基 础 资 料	部门	基 础 资 料
住房建设部门	保障性住房现状及规划	水务部门	水利设施现状及规划
	公园绿地建设现状及规划		水系现状及保护规划
	市政设施建设现状及规划	旅游部门	旅游资源现状及旅游发展规划
规划部门	相关的城乡规划	公安部门	户籍人口、常住人口、流动人口变化情况
	建设用地许可信息		消防设施现状及规划
	"三旧"用地范围及信息	统计部门	历年统计年鉴

在收集完资料后，要对资料进行整理，具体包括以下 11 项内容：自然环境与自然资源；历史资料；经济与社会发展资料；人口资料；土地利用情况；道路、交通设施及交通运输情况；公共管理与公共服务设施；园林绿化、开敞空间与非城市建设用地；市政公用工程系统及综合防灾系统；环境污染与保护状况；上层次规划及相关规划。

在资料整理后，更重要的是进行分析，得出结论。这里的分析一般分为定性分析和定量分析两种。定性分析主要是基于经验和感性进行判断，一般会用到 SWOT 分析、因果分析和比较分析。定量分析则是基于大量的数据进行推演，可以运用数学回归模型分析、统计与数理分析、空间句法分析，还有现在比较常用的 GIS 空间叠加分析和大数据分析。

1.1.3　调查访谈

访谈的对象可以是政府各职能部门，可以是公众，也可以是特定群体。

对各部门进行访谈，主要目的是了解各个行业的现状和它们的发展设想及诉求。在访谈前要做好相应的准备工作，比如熟悉各个部门的职能。接着是制订访谈计划和拟定访谈清单，事先想得越细致，访谈时就能获得越全面的信息。最后就是约定时间进行面对面的交流，在交流的过程中，要注意做好记录，随机应变，对有用的信息要快速提取，对没有想到的细节要注意及时补充。

面对公众的访谈，目的是了解市民的需求和建议。如果规划范围小，可以采用面对面的形式，比如举行座谈会，这是在村庄规划中常采用的方式之一。如果规划范围比较大，涉及的公众面比较宽，则可以采取远程访谈的形式（如广播、电视、电话，或者现在比较常见的公众号等）。

对特定群体的调查可采用问卷调查的方式。这是目前国内外社会调查中较为广泛使用的一种方法。其主要优点在于标准化和成本低，这是因为问卷法是以设计好的问卷工具进行调查，且问卷的设计要求规范并可计量。

一般会把调研所得的结论融入最后的规划成果中，对于总体规划这类较复杂的规划，则会单独编制现状基础资料汇编。针对不同类型的项目，还会有社会实践报告、现状调研报告等形式。

任务 1.2　城市与乡村的差异

城市和乡村到底有哪些区别？有些人喜欢城市的繁华便利，有些人喜欢乡村的宁静闲适；有的地方农民大量涌入城市，有的地方城市居民不断外迁。在此需要思考城市和乡村的区别，以及是什么因素导致人口产生了迁移。

城市里高楼大厦林立，人群密集，灯光璀璨，各类设施丰富完善，有医院、学校、图书馆、大型商业广场、大型批发市场，还有拥堵的道路。

乡村的风貌与城市的风貌有很大的不同，无论是人口、建筑还是交通，都没有城市那么密集。这里山清水秀、村落小聚集、大分散。这里的建筑就地取材，以低层为主，这里有大面积的农田山林，有着自然的地形地貌，视野开阔，住宅与山、水、田有机地结合在一起。

可以从以下三个方面找出城乡的区别。

首先，产业构成不同。城市居民以从事非农业活动为主，包括第二产业和第三产业；乡村则是以农业活动为主，可以是种植业，也可以是畜牧业。产业类型的不同，就会有不同的生活方式，比如居住用地的布局，农民为了更方便农业生产一般不会远离自己的田地。

其次，人口规模不同。相对于乡村，城市一般会聚集更多人口。一方面，农业机械化释放出更多的剩余劳动力，城市产业的发展恰好需要劳动力；另一方面，城市各种完善的公共服务设施会产生较大的吸引力。

最后，两者职能不同。城市一般是工业、商业、交通和文教的集中地，是一定地域的政治、经济、文化中心。

对比两者不同，可以准确地表述城市。城市通常指的是以非农产业和非农业人口聚集为主要特征的居民点，包括国家按行政建制设立的直辖市、市和镇；也可表述为以非农业人口为主，具有一定规模工商业的居民点。

城市、乡村是我们规划的对象，了解两者的区别，便于我们认识它们、研究它们，为它们的发展提出更有效的策略。

任务 1.3　城乡规划的特点与影响因素

1.3.1　城市规划与城乡规划的关系

任务之初，先辨析两个相关的专有名词，一个是城市规划，一个是城乡规划。1990 年 4 月 1 日开始施行的《中华人民共和国城市规划法》（已于 2008 年 1 月 1 日废止），明确了城市规划的编制应当根据国民经济和社会发展规划以及当地的自然环境、资源条件、历史情况、现状特点，统筹兼顾，综合部署。2008 年 1 月 1 日我国开始实施《中华人民共和国城乡规划法》（简称《城乡规划法》）。本法所称城乡规划包括城镇体系规划、城市规划、镇规划、乡规划和村庄规划。城市规划、镇规划分为总体规划和详细规划。详细规划分为控制性详细规划和修建性详细规划。由此可以看出，城乡规划的范畴比城市规划更广。

城乡规划类型有很多，但无论什么规划，都是分析与决策城乡的建设和发展，都需要掌握现状情况，制定目标，然后进行决策，在决策实施的过程中，还需要不断地对决策进行反馈和修正，以保障目标的实现。

1.3.2　城乡规划的特点

（1）综合性。

规划最本质的核心是土地利用以及空间的组织，而物质规划与当地的社会、经济、环境、技术等要素密切相关。城乡规划必须综合考虑这些因素，进行统筹安排，使城乡各方面协调发展。

（2）动态性。

城乡规划是一个决策、实施、反馈、再决策……的循环过程，只有通过这样不间断的连续过程才能使城乡这一复杂系统高效健康地运行下去。因此，城乡规划具有动态性，它是一个根据系统内外的新情况、新变化而不断调整的过程。

（3）政策性。

城乡规划通过对城乡建设行为的引导、约束、管理来实现，而这些引导、约束、管理必须通过立法、制定政策等行为才能得到执行。一方面，城乡规划充分反映了国家相关政策；另一方面，城乡规划自身也是公共政策的组成部分，充分协调城乡的经济效益与社会公正。

（4）公众性。

城乡规划涉及城乡的发展和社会公共资源的配置，必须站在公众的角度，使城乡规划充分反映人民的利益诉求。

（5）实践性。

城乡规划的价值在于实践，在于服务社会、服务现实。故而规划必须具备可操作性，以解决实际问题为着眼点，保障城乡的健康有序发展。

1.3.3　城乡规划的影响因素

（1）城乡规划受生态环境的影响。

城市是人口高度集中、物质和能量高度密集的生态系统，是人类起主导作用的人工生态系统。城市生态系统运转快、高度开放，对外部生态系统依赖性强，同时自我稳定性差，系统脆弱，容易发生环境污染并容易溢出。正是因为受生态环境的影响，我们也从粗放式的发展转变为集约式发展，新时期的规划更注重城乡人居环境的打造。

（2）城乡规划受经济与产业因素的影响。

城市是人口和经济活动高度密集的区域，其发展离不开经济增长。经济发展推动产业结构演变，这种演变又反过来影响城市的发展。产业规模不断壮大，产业结构持续升级，成为推进城市空间拓展的主导力量。城市本身具备哪些条件，适合发展什么产业是城市规划需要重点考虑的内容，例如打造旅游城市、工业城市、商贸城市等。乡村的规划同样与经济产业相关联，推进乡村振兴是进行乡村规划的目标，其核心任务之一就是构建可持续发展的乡村产业体系。

（3）城乡规划受人口与社会的影响。

城乡人口的规模、结构、空间分布对城乡规划的影响巨大。人口的这些要素决定了城乡未来的发展，以及用地规模、设施配置等。

（4）城乡规划受历史与文化的影响。

对城乡历史沿革的认识和分析，可以揭示城乡形态形成和格局演变的内在规律。这些不仅会影响当前规划，也为城乡品质的塑造提供了文化素材，为以文化之"神"塑造规划之"形"提供了可能性，避免了"千城一面"的现象。

思考题

1. 城乡规划应当秉持怎样的价值观？
2. 影响城乡规划的因素有哪些？
3. 收集并整理自己家乡所在地级市的现状基础资料。

项目 2　城乡规划体系

✎ 项目概述

　　本项目对城乡规划体系所涉及的四个子系统的概念、可能的表现形式进行了阐述，帮助读者理解城乡规划体系的形成；同时，对规划所应遵循的法律法规、城乡规划行政体系的组成以及开发控制的程序与方法等进行了描述。

✎ 学习目标

　　知识目标：①掌握我国法律体系构成及城乡规划法规体系，熟悉《中华人民共和国城乡规划法》《中华人民共和国土地管理法》《中华人民共和国城市房地产管理法》《中华人民共和国环境保护法》；②掌握我国城乡规划行政体系；③了解城乡规划行政主管部门及其职责；④熟悉城乡规划行政管理机制；⑤明确法定规划与非法定规划的界定；⑥熟悉法定规划的编制主体、编制内容、编制程序和审批流程；⑦掌握规划依据；⑧掌握国有用地的"两证一书"；⑨掌握集体用地的"乡村建设规划许可证"；⑩熟悉各类规划编制审批和修改的程序。

　　素养目标：①熟悉法规条文，能判断违法案件；②明确城乡规划法规是城乡规划体系的基础，做守法的公民，做守法的规划师，做守法的管理者。

✎ 关键内容

　　重点：①《中华人民共和国城乡规划法》的核心条款；②行政主管部门的设置及其职责；③机构改革后城乡规划主管部门的变化以及变化的原因；③各类法定规划的编制主体、编制内容、编制程序和审批流程。

　　难点：①各类规划编制与审批程序的差异；②城乡规划体系向国土空间规划体系转变的动因。

✎ 思政园地

有 法 可 依

　　"有法可依"就是要建立统一、完备、科学的法律体系和制度，即立法要能够适应不断发展的经济、政治、文化和社会生活的需要，及时对各种社会关系进行规范，做到解决问题时有法可依。法律体系应当力求完整、科学、严谨、系统；各部门法应当合理划分，彼此协调，共同发挥作用；法律规范应当明确、肯定、具体，具有可操作性。法律的内容应当体现最广大人民的利益，不能把部门利益法律化。应当避免和消除各国家机关、不同时期的法律法规之间的矛盾以及法律法规与法律解释之间的矛盾。

10

有 法 必 依

"有法必依"是社会主义法治的核心要求，即保证法律效力的普遍性和有效性。尽量排除和杜绝立法、执法、司法、守法和法律监督中的随意性、偶然性和腐败现象。坚持法律面前人人平等，任何组织和个人都不能有超越宪法和法律的特权。公民不分民族、种族、性别、职业、家庭出身、宗教信仰、教育程度、财产状况、居住期限，其合法权益必须毫无例外地受到法律的平等保护。要建立和健全法律服务机构，保证公民获得法定的法律服务。

执 法 必 严

"执法必严"是社会主义法治的关键，就是要确保严格公正地执法和司法。司法机关应独立公正地行使司法权，不受其他机关、社会团体和个人的干涉。要按照公正司法、文明执法的要求，完善司法机关的机构设置、职能划分和管理制度，形成权责明确、相互配合、相互制约、高效运行的司法体制和工作机制，维护司法权威，维护公民、法人和其他组织的合法权益，维护社会公平正义。要加强执法、司法队伍的建设和对他们工作的监督，防止他们滥用权力。

违 法 必 究

"违法必究"是社会主义法治的保障，就是对一切违法犯罪行为都要按照"以事实为依据，以法律为准绳"的原则给予惩处。法律面前人人平等，不容许任何组织和个人有超越宪法和法律的特权。

以上四个方面层层递进，环环紧扣，相互依存，缺一不可。

任务 2.1　城乡规划法规体系

城乡规划是一个复杂的系统，我国现行的城乡规划体系包括城乡规划法规体系、城乡规划行政体系、城乡规划技术体系和城乡规划运行体系。

2.1.1　我国法律体系的构成

我国社会主义法治建设的基本要求是"有法可依，有法必依，执法必严，违法必究"。首先就得有法，狭义层面的法是指宪法规定的国家立法机构所制定的普遍适用的规则，特指全国人大和全国人大常务委员会制定的法律。广义层面的法是指一切有权制定普遍性规则的机构所制定的具有普遍约束力的规则，包括宪法、法律、行政法规、地方性法规、自治条例、单行条例、部门规章、地方政府规章、技术标准（规范）等，它们的法律效力是有区别的，如图2-1所示。

1. 宪法、法律和行政法规

宪法、法律和行政法规位于金字塔顶端，都是国家层面的。宪法是国家的根本法，是中

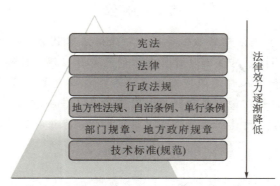

国法律体系的主干，拥有最高法律效力，一切形式的法律法规都不得与宪法相抵触。法律从内容上可以分为宪法相关法、民法商法、行政法、经济法、社会法、刑法、诉讼与非诉讼程序法七部分。从立法程序上，法律可以分为基本法律和普通法律，由全国人民代表大会制定和修改的叫基本法律，由全国人民代表大会常务委员会制定和修改的叫普通法律。行政法规是国务院根据宪法和法律制定的行政法律规范。

2. 地方性法规、自治条例和单行条例

在法规体系中，行政法规的效力高于地方性法规、自治条例和单行条例。地方性法规、自治条例和单行条例都只能适用于各地方。地方性法规是由地方各级人民代表大会及其常务委员会制定的法律规范。自治条例、单行条例是由民族自治地方的人民代表大会制定的法规。需要强调的是，不是所有地方都有制定地方性法规的权力。只有以下五类地方才有权力制定地方性法规。第一类是省、自治区、直辖市的人大及其常务委员会（如广东省人大及其常委会）；第二类是省、自治区人民政府所在地的市人大及其常务委员会（如广州市人大及其常委会）；第三类是经济特区所在地的市人大及其常务委员会（如深圳市人大及其常委会）；第四类是经国务院批准的较大的市人大及其常务委员会（如唐山市、大同市、包头市、大连市、鞍山市、抚顺市、吉林市、齐齐哈尔市、无锡市、淮南市、青岛市、洛阳市、宁波市、邯郸市、本溪市、淄博市、苏州市、徐州市）；第五类是设区的市人大及其常务委员会（如江门市、清远市、惠州市等）。

3. 规章

在法律效力层级中，规章的效力低于法规。规章分为部门规章和地方政府规章两类。部门规章是由国务院各部、委员会、中国人民银行、审计署和具有行政管理职能的直属机构，根据法律、行政法规和国务院的决定、命令，在本部门的权限范围内制定的规范性文件。地方政府规章是由省、自治区、直辖市和设区的市、自治州的人民政府，根据法律、行政法规和地方性法规制定的，在其行政区域内普遍适用的规范性文件。部门规章与地方政府规章具有同等法律效力，但二者所适用的范围不同。

4. 技术标准（规范）

在广义立法体系中，技术标准（规范）的法律效力最低。依据标准的适用范围，技术标准分为国际标准、国家标准、行业标准、地方标准和企业标准等。国际标准由国际标准化组织（ISO）理事会审定通过；国家标准由国务院标准化行政主管部门制定，通常以"GB"标识；行业标准由国务院有关行政主管部门制定；地方标准由地方有关行政主管部门制定；企业标准由企业自主制定，并报有关部门备案。

2.1.2　我国城乡规划的法规体系

1909 年，英国颁布了全球首部城市规划法，随后一些工业国家相继制定了城市规划法，这标志着城市规划成为政府的法定职能。然而，直到第二次世界大战之后，这些国家才形成了比较成熟的现代城市规划体系，并且在其后始终处于不断演进之中。作为现代城市规划体系的核心，每一部城市规划法的诞生都标志着城市规划体系又进入了一个新的历史阶段，主要表现为在规划行政、规划编制和开发控制等方面产生了重大变革。

我国城乡规划法规体系，从纵向维度按照法律效力从高到低进行分类，包括法律、法规、规章及标准；从横向体系来看，包括主干法、从属法、专项法和相关法。

1. 主干法

城乡规划领域的主干法是《中华人民共和国城乡规划法》，该法是城乡规划法规体系的核心，是我国各级城乡规划行政主管部门依法行政的法律依据，也是城乡规划编制和各项建设必须遵守的行为准则。

作为城乡规划的主干法，《中华人民共和国城乡规划法》的诞生与完善见证了我国法治建设的进程。1956 年原国家建委颁发《城市规划编制暂行办法》，这是中华人民共和国成立以来第一个关于城市规划的法律文件，准确地说，它是一个部门规章；1984 年，国务院颁发《城市规划条例》，成为新中国城市规划建设管理方面的第一部行政法规；1989 年，第七届全国人民代表大会常务委员会第十一次会议通过并公布了《中华人民共和国城市规划法》，自 1990 年 4 月 1 日起施行，这是新中国第一部城市规划专业法律。从部门规章到行政法规，再到法律，城乡规划法规体系不断完善。值得一提的是，2007 年 10 月 28 日，第十届全国人民代表大会常务委员会第三十次会议通过《中华人民共和国城乡规划法》，共七章七十条，自 2008 年 1 月 1 日起施行。与《中华人民共和国城市规划法》相比，《中华人民共和国城乡规划法》更强调落实科学发展观，统筹城乡协调发展。规划对象从城市走向城乡，从而将城乡二元的法律体系转变为城乡统筹的法律体系。自 2008 年开始实施以来，《中华人民共和国城乡规划法》已进行了两次修正。

《中华人民共和国城乡规划法》由全国人民代表大会常务委员会审议通过，在我国城乡规划法规体系中拥有最高的法律效力。全文共七章七十条，全方位定义与规范了城乡规划各行政行为。第一章为总则，明确了立法目的、适用范围，界定了城乡规划与规划区的定义，强调了制定和实施城乡规划的原则，并阐明了各级行政管理部门的职责等。第二章为城乡规划的制定，主要界定了各类、各级法定城乡规划的编制主体、审批主体、主要编制内容以及各自的审批程序等。第三章为城乡规划的实施，界定了城乡建设和发展需保护和优先建设的项目，以及城乡规划建设行政许可的相关程序。第四章为城乡规划的修改，规定了各类法定城乡规划修改的前提和审批程序。第五章为监督检查，规定了城乡规划编制、审批、实施、修改等环节的监督检查主体及其有权采取的相应措施。第六章为法律责任，规定了违反本法相关规定的组织和个人应当承担的法律责任。第七章为附则，明确本法的施行日期，《中华人民共和国城市规划法》同时废止。

2. 从属法和专项法

从属法由《城乡规划法》授权相应的政府规划主管部门制定，并报国家立法机构备案，如《城市规划编制办法》、地方城市规划管理技术规定等。专项法是指针对城乡规划中某些特定议题的立法。这是由于主干法具有普遍适用性和相对稳定性，这些特定议题不宜由主干法直接规定，如《城市规划强制性内容暂行规定》《风景名胜区条例》《镇规划标准》等。无论是从属法还是专项法，都包括行政法规、部门规章和技术标准。

《村庄和集镇规划建设管理条例》《风景名胜区条例》《历史文化名城名镇名村保护条例》等既是城乡规划的从属法和专项法，也是国务院根据《中华人民共和国宪法》和相关法律制定的城乡规划特定领域的行政法规，其效力仅次于《城乡规划法》。

《城市规划编制办法》《城市绿线管理办法》《城市紫线管理办法》《城市地下空间开发利用管理规定》等既是城乡规划的从属法与专项法，也是中华人民共和国住房和城乡建设部（现在的城乡规划管理职责已划转自然资源部）根据《城乡规划法》制定的部门规章，法律效力低于行政法规。

《北京市城乡规划条例》《广东省城乡规划条例》等既是城乡规划的从属法与专项法，也是地方人大及其常务委员会制定的城乡规划领域的、适用于本行政区域的地方性法规。

各地的城乡规划管理技术规定、城市规划更新办法等，既是城乡规划的从属法与专项法，也是省、自治区、直辖市和具有立法权的设区的市、自治州的人民政府制定的城乡规划方面的规章。

城乡规划的从属法与专项法还包括技术标准，即国家或地方制定的城乡规划专业性的技术标准和技术规范，目的是保障专业技术工作科学、规范，符合质量要求，涉及基本术语、用地分类，以及居住区、道路、市政设施、公共服务设施、绿地等多个专项规划领域。

关于城乡规划的技术标准，有基础标准、通用标准和专用标准。基础标准是指在某一专业范围内作为其他标准的基础并普遍适用的标准。它涵盖术语、符号、计量单位、图形、模数、基本分类、基本原则等内容，具有广泛的指导意义，如《城市规划基本术语标准》《城市规划制图标准》《城市规划数据标准》等。通用标准是针对某一类标准化对象制定的覆盖面较大的共性标准，可作为制定专用标准的依据，如通用的安全、卫生和环保要求，通用的质量要求，通用的设计、施工要求与试验方法，以及通用的管理技术等。《历史文化名城保护规划规范》《城市综合防灾规划规范》等通用标准，就很容易与专用标准混淆。专用标准是指针对某一具体标准化对象或作为通用标准的补充、延伸而制定的专项标准，覆盖面一般不大。如《城市防洪规划规范》《城市消防规划规范》《城市抗震防灾规划标准》等专用标准是对《城市综合防灾规划规范》这个通用标准的补充。

3. 相关法

　　城市环境的建设和管理包含多个方面，涉及多个行政部门，需要各种相应的立法加以规范，而城乡规划法规只是其中一个领域的法规。尽管有些立法不是专门针对城乡规划的，但仍会对城乡规划产生重要影响，比如与土地利用和自然资源相关的有《中华人民共和国土地管理法》《中华人民共和国环境保护法》《中华人民共和国土地管理法实施条例》《基本农田保护条例》；与历史文化遗产保护相关的有《中华人民共和国文物保护法》《中华人民共和国文物保护法实施条例》；与市政建设和管理相关的有《中华人民共和国公路法》《城市绿化条例》；与建设工程与管理相关的有《中华人民共和国建筑法》《中华人民共和国注册建筑师条例》；与房地产管理相关的有《中华人民共和国城市房地产管理法》《国有土地上房屋征收与补偿条例》；与城市防灾相关的有《中华人民共和国消防法》《中华人民共和国防震减灾法》等。

任务 2.2　城乡规划行政体系

2.2.1　规划行政管理体制

　　规划行政管理体制分为两种，分别是中央集权制和地方自治制。举例来说，英国是中央集权制的典型代表，它的发展规划和开发控制主要由地方政府负责，中央政府可进行有效的干预。美国是地方自治制的代表，联邦政府没有法定的规划职能，也没有国家层面的规划体系，地方政府的规划职能由州立法授权，各州之间有较大差异。对比这两个国家，我国的规划行政管理体制是什么样的呢？与美国不同，我们有《中华人民共和国城乡规划法》这一国家层面的规划体系；跟英国的中央集权制也不相同，我们各个地方也有地方性法规和地方政府规章，可以根据实际情况制定相应的规章和标准。我国的规划行政管理体制可以概括为"中央集权、分级管理"，即由各级政府组织编制城乡规划，由国务院、省级政府、市级政府分级审批和管理。

2.2.2　城乡规划行政主管部门

　　我国的城乡规划行政体系由不同层次的规划行政主管部门组成，不同层次的规划行政主管部门依法管理各自行政辖区的城乡规划工作。这里所说的"不同层次"是指我国的行政区划层级，包括国家、省、自治区、直辖市、市、县和乡镇。国家层面的城乡规划行政主管部门是中华人民共和国自然资源部，省、自治区的城乡规划行政主管部门是省、自治区的自然资源厅；四个直辖市市政府设有市规划和自然资源委员会或局；市、县城乡规划行政主管部门是市、县自然资源局；乡镇这一级不设置城乡规划行政主管部门，相关规划工作由上一级城乡规划行政主管部门负责，规划管理所或镇政府办公室协助完成。

从时间顺序来看，最初，城乡规划的工作由国家城市建设总局负责。1982年，城乡规划主管部门是城乡建设环境保护部。1988年至2008年，城乡规划的主管部门是建设部。2008年3月15日，"建设部"更名为"住房和城乡建设部"，并增加了住房管理的相关职能。

2018年3月，为统一行使全民所有自然资源资产所有者职责，统一行使所有国土空间用途管制和生态保护修复职责，促进"多规合一"，将原国土资源部的职责、国家海洋局的职责、国家测绘地理信息局的职责、国家发展和改革委员会的组织编制主体功能区规划职责、住房和城乡建设部的城乡规划管理职责、水利部的水资源调查和确权登记管理职责、国家林业局的森林和湿地等资源调查和确权登记管理职责整合，组建了自然资源部。

省、自治区的城乡规划行政主管部门为当地的自然资源厅，具体工作一般由国土空间规划处负责。直辖市的城乡规划行政主管部门分别为北京市规划和自然资源委员会、上海市规划和自然资源局、天津市规划和自然资源局、重庆市规划和自然资源局，这些部门都设有负责具体工作的规划处室。地级市、自治州的城乡规划行政主管部门名称不尽相同，多数简称为自然资源局，并设有负责具体工作的规划科室。县、县级市的城乡规划行政主管部门已全部完成机构调整，多数被命名为自然资源局。

镇和乡是我国最基层的行政机构，其城乡规划工作主要由镇（乡）政府内设的规划建设办公室或专人负责。部分市直管镇的地区（如东莞、中山），设有市自然资源局的镇直属分局。

2.2.3　城乡规划行政主管部门的职责与权限

各级城乡规划行政主管部门分别对各自行政辖区的城乡规划工作进行管理，主要职责包括城乡规划的编制与审批、城乡规划的实施管理、城乡规划监察以及测绘与城乡规划设计市场监管。城乡规划行政主管部门有十项权限：城乡规划编制权、城乡规划审批权、城乡规划修改或调整权、城乡规划立项参与权、建设用地核定权、用地调整权、建设工程批准权、城乡规划监督检查权、城乡规划行政处罚权和城乡规划行政复议裁决权。

2.2.4　城乡规划行政管理机制

城乡规划行政主管部门受地方政府和上级部门的双重领导。横向上看，城乡规划行政主管部门是各级政府的职能部门，受同级政府领导并对其负责；纵向上看，上级城乡规划行政主管部门主要对下级城乡规划行政主管部门进行业务指导、规划审批和监督。

城乡规划行政主管部门拥有行政决策权、行政决定权和行政执行权等相关职权。行政决策权是指城乡规划行政主管部门对其具有管辖权的管理事项做出决策的权力，如核发"一书两证"。行政决定权是指城乡规划行政主管部门依法处理管理事项的权力，以及对法律、法规、规章中未明确规定事项的决定权，前者如对建设用地使用方式的调整，后者如制定管理需要的规范性文件或对某些规定内容做出行政解释。行政执行权是指城乡规划行政主管部门依据法律、法规、规章或上级部门的决定，在其行政辖区内具体执行管理事务的权力，如贯彻执行法律程序批准的城乡规划，或对违法行为做出处罚。

任务 2.3　城乡规划技术体系

2.3.1　城乡规划体系构成

按照《城乡规划法》的界定，城乡规划可分为法定规划和非法定规划，如图 2-2 所示。法定规划经过审批后即具有法律效力。非法定规划并未在《城乡规划法》中列出，其目的是辅助编制相应的法定规划。比如，在编制全国城镇体系规划前，可以进行全国城镇群协调发展规划的研究，探索城镇群之间的关系。又如，在编制城市规划之前，可以编制战略规划、概念规划等非法定规划，为城市的发展定位、发展策略探寻多方案、多思路。再比如，在编制城市总体规划时，可结合一些内容更为具体的专项规划，如中小学布点规划、公共服务设施布局规划、消防规划、综合交通规划等。

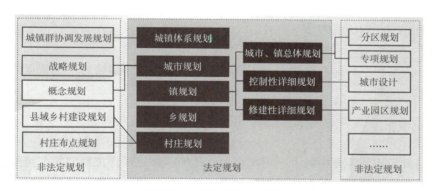

图 2-2　城乡规划体系示意图

1. 法定规划

从规划类型上看，法定规划分为五个部分，即城镇体系规划、城市规划、镇规划、乡规划和村庄规划，它们与行政区划的层级相对应。城镇体系规划主要包括全国城镇体系规划和省域城镇体系规划。城市规划和镇规划需要编制总体规划和详细规划，其中，详细规划又分为控制性详细规划和修建性详细规划。乡规划和村庄规划为独立的规划层级。

从规划属性上看，法定规划分为战略性规划和实施性规划。战略性规划针对范围较大的规划对象（如全国、全省、市域等），是一种较长期的、起引导作用的规划。实施性规划则针对范围较小的规划对象（如城市某个单元、某个地块等），是起指导建设作用的规划。依据法定规划类型，可以判断出规划属性。

从法定性来说，法定规划要有明确的编制主体、编制内容、编制程序和审批流程，只有这样才能保证其法定效力。《城乡规划法》第二章城乡规划的制定，明确了各类法定规划的编制主体，包括人民政府和城乡规划行政主管部门，编制程序上强调了谁组织、谁审批、谁备案。

不同类型的法定规划在编制内容上也有所不同。《城乡规划法》规定了各类规划必须包含的内容，但根据规划对象的特征，规划内容可能进一步扩展。

除了《城乡规划法》，还有一些部门规章和相关规定、标准也对城乡规划提出了更具体的要求。比如，《城市规划编制办法》对各类规划的编制内容做出了明确要求，《广东省村庄规划编制基本技术指南（试行）》则对村庄规划的内容做出了更明确的指引。

2. 非法定规划

非法定规划主要是对法定规划进行补充，需要什么就会相应产生什么项目，所以形式比较灵活多样。比如，国家层面编制城镇体系规划，各省编制省域城镇体系规划，各市编制城市总体规划。跨行政区划的各个城市之间相互联系、协调，对各个城市的发展定位会产生不同的影响，从而产生了如《粤港澳大湾区发展规划纲要》《珠江三角洲全域规划（2014—2020年）》《长江三角洲城市群发展规划（2015—2030）》《北部湾城市群发展规划》等战略性非法定规划。

2.3.2　规划编制的技术依据

规划不是天马行空、随心所欲，对规划对象的长远考虑是需要有一定依据的，须对城市发展做出全面的判断。

1. 上位规划

上位规划就是规划体系中的上一层次规划。比如，修建性详细规划的上位规划是控制性详细规划，控制性详细规划的上位规划是城市、镇总体规划，城市、镇总体规划的上位规划是省域城镇体系规划，省域城镇体系规划的上位规划是全国城镇体系规划。《城乡规划法》明确说明：修建性详细规划应当符合控制性详细规划；根据城市总体规划的要求，组织编制城市的控制性详细规划；编制城市总体规划，应当以全国城镇体系规划、省域城镇体系规划以及其他上位法定规划为依据。

2. 国民经济和社会发展规划

城乡规划是在空间层面对国民经济和社会发展规划确定的各项建设内容进行的统筹安排。具体而言，国民经济和社会发展规划作为上位规划，明确了特定时期内的发展目标、重点建设项目及其投资规模；而城乡规划则通过科学的空间布局，确保这些项目能够有效落地实施，从而切实推动经济社会发展。因此，城乡规划必须以国民经济和社会发展规划为依据，重点保障规划项目的空间落地需求。

3. 城乡规划相关法律法规和技术标准（规范）

只有每个行业都有相应的法律法规和技术标准（规范），才能更好地对城乡进行管理。《城市规划编制办法》第九条提出，"编制城市规划，应当遵守国家有关标准和技术规范，采用符合国家有关规定的基础资料"；第二十七条指出，"城市规划编制单位应当严格依据法律、法规的规定编制城市规划，提交的规划成果应当符合本办法和国家有关标准"。这里要强调的是，技术标准（规范）不是一成不变的，会不定期进行更新，故编制城乡规划一定要使用最新的技术标准（规范）。

4. 国家最新政策

城乡规划是落实国家政策的重要工具，在实施之前，首先要弄清楚国家的相关政策，比如现在提倡的生态文明、文化自信、多规合一、乡村振兴、构建国土空间规划体系等。《城乡规划法》明确指出，"制定和实施城乡规划，应当遵循城乡统筹、合理布局、节约土地、集约发展和先规划后建设的原则，改善生态环境，促进资源、能源节约和综合利用，保护耕地等自然资源和历史文化遗产，保持地方特色、民族特色和传统风貌，防止污染和其他公害，并符合区域人口发展、国防建设、防灾减灾和公共卫生、公共安全的需要。"这些原则充分体现了城乡规划与国家政策息息相关。

5. 城市政府及其城乡规划主管部门的指导意见

对城市土地使用的调控政策是城市政府实现其愿景的重要工具，所以，城市政府及其城乡规划主管部门非常重视通过各类城乡规划对城市各项事业的发展进行科学的空间安排。

任务 2.4 城乡规划运作体系

城乡规划运作体系是规划实施操作机制的总和，首先是法定规划的从无到有，再到开发过程中的控制制度，最后到实施过程中的监督检查。法定规划运作包括规划的编制、审批和修改；开发控制制度主要指城市建设的"一书两证"和乡村建设的"一证"；监督检查制度主要是指城乡规划建设遥感督察工作制度。

2.4.1 法定规划的运作

1. 规划的编制与审批

法定规划运作是城乡规划运行体系的首要环节。按照现行的《城乡规划法》，我国实施的是分层编制、分级审批的制度。在城镇体系规划中，全国城镇体系规划由国务院城乡规划主管部门会同国务院有关部门组织编制，由国务院审批；省域城镇体系规划由省、自治区人民政府组织编制，由国务院审批；城市或镇的总体规划基本由本级人民政府组织编制，由上一级人民政府审批，且在报批前须经本级人民代表大会常务委员会审议。

　　市县控制性详细规划由本级人民政府城乡规划主管部门组织编制，经本级人民政府批准后，报本级人民代表大会常务委员会和上一级人民政府备案。镇控制性详细规划由镇政府组织编制，因镇一级不设城乡规划主管部门，故由上一级人民政府审批。修建性详细规划相对灵活，重要地块的规划由城乡规划主管部门或镇人民政府组织编制，一般地块则由建设单位组织编制，统一由市县人民政府城乡规划主管部门审批。乡规划和村庄规划由乡镇人民政府组织编制，由上一级人民政府审批。

　　2019 年 5 月 28 日，自然资源部印发《自然资源部关于全面开展国土空间规划工作的通知》（自然资发〔2019〕87 号），对法定规划的编制和审批进行了调整："各地不再新编和报批主体功能区规划、土地利用总体规划、城镇体系规划、城市（镇）总体规划、海洋功能区划等。已批准的规划期至 2020 年后的省级国土规划、城镇体系规划、主体功能区规划，城市（镇）总体规划，以及原省级空间规划试点和市县'多规合一'试点等，要按照新的规划编制要求，将既有规划成果融入新编制的同级国土空间规划中。"

　　现行国土空间规划体系简称"五级三类"，"五级"与之前的城乡规划的分级有所不同，分别是全国、省级、市、县和镇（乡），将县单列出来，镇和乡同级；三类规划分别为总体规划、详细规划和相关专项规划，如图 2-3 所示。

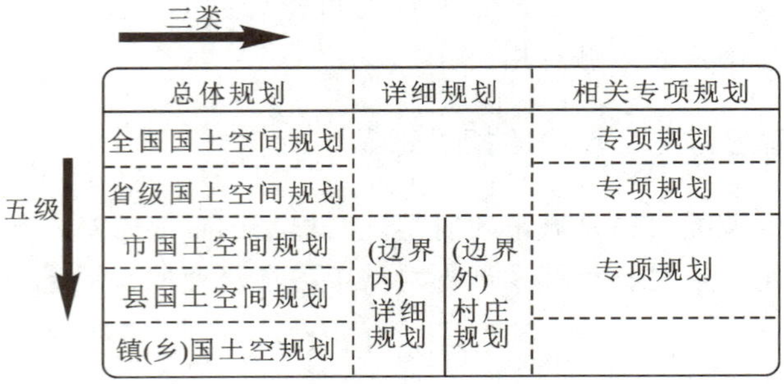

总体规划	详细规划		相关专项规划
全国国土空间规划			专项规划
省级国土空间规划			专项规划
市国土空间规划	(边界内)详细规划	(边界外)村庄规划	专项规划
县国土空间规划			
镇(乡)国土空规划			

图 2-3　现行国土空间规划体系

　　国土空间规划编制的内容主要是总体规划、详细规划和相关专项规划。总体规划分为五级：全国国土空间规划侧重战略性，对全国国土空间做出全局安排，是全国国土空间保护、开发、利用、修复的政策和总纲；省级国土空间规划侧重协调性，是各省对全国国土空间规划的落实，可以指导市县国土空间规划的编制；市县和乡镇国土空间规划是对上级规划要求的细化和具体安排，可因地制宜，将市县与乡镇国土空间规划合并编制，也可以以几个乡镇为单元编制。

　　详细规划强调实施性，一般是在市县以下组织编制，是对具体地块用途和开发强度等做出的实施性安排，是进行各项建设的法定依据。在城镇开发边界内，编制控制性详细规划与修建性详细规划。在城镇开发边界外，将村庄规划作为详细规划。在编制详细规划时，需要强调"四个不突破"：不得突破土地利用总体规划确定的耕地保有量等约束性指标；不得突破已经确定的生态保护红线和永久基本农田控制线；不得突破城市、镇的总体规划所确定的禁止建设区等规划强制性内容；不得突破新的国土空间规划提出的一些新的管理要求。

　　相关专项规划强调的是专门性，一般由自然资源部门或者相关部门组织编制，可在国家级、省级和市县级层面进行编制。特别是对特定的区域或者流域，专项规划是为体现特定功能对空间开发保护利用做出的专门性安排。

2. 规划的修改

法定规划运作除了规划的编制和审批外，还有一项重要的工作就是规划的修改。任何规划都是对规划对象所做的长期计划，不可能一成不变，但也不能随意改动。有下列情形之一的，组织编制机关方可按照规定的权限和程序修改省域城镇体系规划、城市总体规划、镇总体规划。

①上级人民政府制定的城乡规划发生变更，提出修改规划要求的；

②行政区划调整确需修改规划的；

③因国务院批准重大建设工程确需修改规划的；

④经评估确需修改规划的；

⑤城乡规划的审批机关认为应当修改规划的其他情形。

如果满足规划修改条件，组织编制机关在修改省域城镇体系规划、城市总体规划、镇总体规划时，应当对原规划的实施情况进行总结，并向原审批机关报告。

修改涉及城市总体规划和镇总体规划的强制性内容，应当先向原审批机关提交专题报告，经同意后方可编制修改方案。修改控制性详细规划，组织编制机关应当论证修改的必要性，征求规划地段内利害关系人的意见，并向原审批机关提出专题报告，经同意后方可编制修改方案。若控制性详细规划的修改涉及城市总体规划、镇总体规划的强制性内容，应当先修改总体规划。对于修建性详细规划的修改，依法审定的修建性详细规划、建设工程设计方案的总平面图不得随意修改；确需修改的，城乡规划主管部门应当采取听证会等形式，听取利害关系人的意见，并依法对因修改造成的损失给予补偿。对乡规划、村庄规划的修改则按照原编制程序进行。修改完成后的各类规划必须按照原审批程序重新报批。

3. 城乡规划编制单位资质

法定规划从无到有，需要有规划编制单位，城乡规划组织编制机关应当委托具有相应资质等级的单位承担城乡规划的具体编制工作。城乡规划编制单位资质分为甲级、乙级，其中甲级是资质的最高等级，可以承担各种类型的规划项目，对专业技术人员数量、注册城乡规划师的数量、中高级职称的人数也有着最高的要求，见表 2-1。

表 2-1　城乡规划编制单位资质等级、标准及承担规划编制业务范围

资质等级	标　准	承担规划编制业务范围
甲级	专业技术人员不少于 40 人，注册规划师不少于 10 人	不受限制
乙级	专业技术人员不少于 20 人，注册规划师不少于 3 人	城区常住人口 20 万以下市县、乡镇国土空间总体规划；乡镇、登记注册所在地城市和城区常住人口 100 万以下城市，法律法规对于规划编制单位资质有特定要求的有关专项规划编制；详细规划编制；建设项目规划选址和用地预审阶段相关论证报告的编制

在规划编制的过程中，有一个重要的环节，现在也越来越被重视，那就是公众参与。公众参与城乡规划是宪法赋予公民的基本权利，同时也能协助政府进行管理，保证规划的公平、公正和公开，使规划切实体现公众的利益要求，确保规划工作能够顺利实施。《城乡规划法》第二十六条，"城乡规划报送审批前，组织编制机关应当依法将城乡规划草案予以公告，并采取论证会、听证会或者其他方式征求专家和公众的意见。公告的时间不得少于三十日。组织编制机关应当充分考虑专家和公众的意见，并在报送审批的材料中附具意见采纳情况及理由"；第二十七条，"省域城镇体系规划、城市总体规划、镇总体规划批准前，审批机关应当组织专家和有关部门进行审查"。

2.4.2 开发控制制度

城乡规划开发控制制度分为通则式和判例式两大类。通则式开发控制制度以法定规划作为开发控制的唯一依据，规划人员在审理开发申请个案时几乎不享有自由裁量权。只要开发活动符合规定，就肯定能获得规划许可。美国、德国和日本都采用这一制度。判例式开发控制制度以法定规划作为开发控制的主要依据，规划部门有权在审理开发申请个案时，附加特定的规划条件甚至修改法定规划的某些规定。英国、新加坡等采用这一制度。

在开发控制管理中，我国采用行政许可制度。城市建设用地的开发建设过程通过"一书两证"进行管理，具体包括建设项目预审与选址意见书、建设用地规划许可证和建设工程规划许可证。

"一书"指建设项目用地预审与选址意见书，仅适用于按照国家规定需有关部门批准或者核准的建设项目，以及以划拨方式提供国有土地使用权的项目。2019年9月17日，自然资源部印发通知，以"多规合一"为基础推进规划用地"多审合一、多证合一"改革，将原由规划部门出具的建设项目选址意见书和原由国土资源主管部门出具的建设项目用地预审意见合并，由自然资源主管部门统一核发建设项目用地预审与选址意见书。

在建设项目用地预审与选址意见书中需要注明项目的名称、代码、建设单位、建设依据、拟选址的位置、用地面积、建设规模等，并需要有图纸和附件进行说明。

"两证"的办理有先后顺序。先申请建设用地规划许可证，获得用地规划许可。申请办理时应当提交使用土地的有关证明文件、建设用地设计方案等材料。规划部门应当依据已许可的选址与设计方案，审核建设用地的位置、面积及允许建设的范围等内容，决定是否核发建设用地规划许可证。

建设用地规划许可证的内容包括用地单位、项目名称、批准用地机关、用地位置、用地面积、土地用途、建设规模、土地取得方式等。

在取得建设用地规划许可证后，根据设计条件完成修建性详细规划，可申请办理建设工程规划许可证。申请办理时应当提交使用土地的有关证明文件、建设工程设计方案等材料。对于需要建设单位编制修建性详细规划的建设项目，还应当提交修建性详细规划。

建设工程规划许可证的核心内容是附图和附件，包括工程施工图等。此外，取得建设工程规划许可证一年内必须取得建筑工程施工许可证或者开工报告批准文件，否则建设工程规划许可证自行失效。

乡村建设过程不必进行"一书两证"的开发控制管理，而是按照乡村建设规划许可来进行开发控制管理。在乡、村庄规划区内进行乡镇企业、乡村公共设施和公益事业建设或宅基地建设的，建设单位或者个人应当向乡、镇人民政府提出申请，由乡、镇人民政府报城市、县人民政府城乡规划主管部门核发乡村建设规划许可证。

2.4.3　遥感督察工作制度

遥感督察工作以法律法规和法定规划为依据，应用遥感监测技术，对城乡规划建设情况进行动态监测，以及时发现城乡规划建设的违法违规行为，并依法对违法违规行为进行监督、检查和查处，同时对遥感监测的成果进行研究和应用。我国从 2002 年开始实施遥感督察工作，2007 年进行试点，2008 年《城乡规划法》更是强调了监督检查的要求，2009 年启动图斑工作，遥感督察制度稳步推进。

从两张同角度、同范围不同时间段的遥感影像对比，能清楚地看到未被自动识别出的新增疑似违章建筑，如图 2-4 所示。

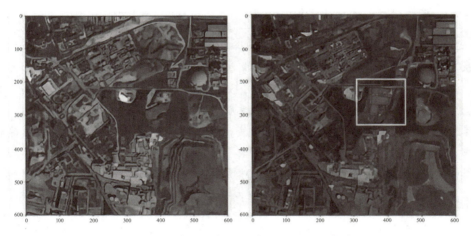

图 2-4　2017 年 8 月与 2018 年 5 月遥感影像对比

思考题

1. 城乡规划的依据有哪些？什么是上位规划？
2. 广东省国土空间总体规划的编制主体是谁？谁来审批？
3. 广州市国土空间总体规划的编制主体是谁？谁来审批？
4. 惠州市龙门县国土空间总体规划的编制主体是谁？谁来审批？
5. 钟落潭镇国土空间总体规划的编制主体是谁？谁来审批？
6. 广州市某单元控制性详细规划的编制，谁来组织？谁来审批？
7. 钟落潭镇某单元控制性详细规划的编制，谁来组织？谁来审批？
8. 开发商对某地块修建性详细规划的编制，谁来组织？谁来审批？
9. 城市规划主管部门的"一书两证"、乡村的"一证"分别是什么？各自如何申请？

项目 3　城市的产生与发展

项目概述

本项目讲述城市产生过程、各学科对城市的理解、城市在不同历史阶段的进展和布局特征，明确城市的定义、规模等概念；介绍城镇化现象的一般概念和表现特征，即城镇化进程一般经历 S 形曲线的三个阶段；"分析"或"探讨"中国未来的城镇化道路与国家发展前途的关系。未来的中国城镇化应当由"数量城镇化"向"内涵城镇化"发展，立足于城乡区域的协调发展，走向理性、健康、永续、和谐。

学习目标

知识目标：①了解城市的形成过程；②掌握城市的含义；③了解城市的基本特征；④熟悉古代、近代城市的发展；⑤掌握城镇化的含义，熟悉城镇化的过程及表现特征；⑥了解我国城镇化发展历程和前景；⑦熟悉我国城乡发展现状和前景。

素养目标：①城市是人类文明与进步的载体，我们应了解城市，发展城市，建设城市，热爱城市，建设人类美丽家园；②中国古代城市发展体现中国历史文化，学生对其进行学习有利于增强文化自信；③理解城市发展与自然资源之间的关系，让城市和自然和谐共生。

关键内容

重点：①城市规模的界定；②城市的定义；③中国不同城市发展历程与各阶段特征的对比；④城镇化率的计算方法。

难点：①对新型城镇化的理解；②中国城镇化发展各阶段的特征。

思政园地

文 化 自 信

文化是一个国家、一个民族的灵魂。一个国家、一个民族只有树立高度的文化自信，才能锻造出坚持坚守的定力、奋起奋发的勇气、创新创造的活力，让国家和民族的精神大厦巍然耸立。反之，一个抛弃或者背叛自己历史文化的民族，不仅不可能发展起来，而且很可能上演一幕幕历史悲剧。因此，作为中华民族的一分子，我们必须立足中华优秀传统文化，厚植文化自信根基，写好文化自信这篇大文章。

在五千年文明发展中孕育的中华优秀传统文化，在党和人民的伟大斗争中孕育的革命文化和社会主义先进文化，积淀着中华民族最深层的精神追求，代表着中华民族独特的精神标识。正是因为有着中华优秀传统文化绵延不绝、经久不衰的风骨神韵，有着社会主义先进文化百花齐放、引领风尚的繁荣兴盛，才共同铸就了新时代我们坚定文化自信的强大底气。今天，我们必须始终坚定中国特色社会主义文化自信，这是我们这一代人义不容辞的责任和担当。

工 匠 精 神

《说文解字》释义：工，巧饰也；匠，木工也。工匠指在技艺上有专长或有成就的人。工匠精神就是技有专长的匠人具备的认真负责、精工细作、精益求精的态度和作风，内涵极为丰富。

（1）秉承真诚热爱的品性。

优秀的工匠，对所从事的工作必然有发自内心的真诚和热爱，工作的过程就成为满足兴趣、发挥特长、体现价值的过程，实现"愿为、能为、善为、乐为"的良性循环，故而能够沉浸其中，千锤百炼。这在别人看来枯燥乏味、苦不堪言，他却甘之如饴、乐此不疲。这也成为打造精品、创造奇迹的基本条件。瑞士钟表匠塔·布克据此推断，埃及金字塔的建造者不可能是被强迫劳动的奴隶，而更可能是怀有虔诚之心的自由人。

（2）保持认真执着的态度。

态度影响行为，行为产生习惯，习惯形成品性。优秀的工匠，往往视作品如生命，加工制造作品如同孕育新生命一般，充满敬畏和感恩，认真对待、执着追求、慎终如始。世上之事，但凡认真去做，则几无难事。坚持全身心投入地做好一件事，就能打造令人叹服、感动人心的作品。

（3）遵循持续改进的路径。

事物的发展往往不是一帆风顺的，大多呈现螺旋式上升的特征。唯有方向正确、不断改进，才能久久为功、日臻完善。一万小时定律说明，坚持不懈是从常人变成大师的必要条件。优秀的工匠对作品总是反复斟酌、再三打磨，不满意绝不出手。景德镇老瓷窑的碎片，据说就是工匠主动毁掉的不合格品。

（4）追求精益卓越的目标。

认识是有限性和无限性的统一，事物没有最好，只有更好。工艺的精进和品质的提升，也意味着自身价值的实现和升级。优秀的工匠总是在改造世界中获取新知，运用新知继续改造世界，从而实现从合格到优秀、从优秀到卓越的不断跨越。我国古代庖丁解牛的故事说的就是臻于化境的技艺。德国的精密制造、日本的精益生产，促成了本国产品质量过硬、性能卓越。

（5）彰显诚信担当的本质。

工匠精神代表了优良的技艺和作风。从深层次看，则是敬于所作、忠于所托、慎于所许，体现了对物的诚意、对人的信用、对社会的担当。货真价实、童叟无欺，是对职业和良心的基本尊重。通过一件件好的作品、一次次好的体验，最终筑起了品牌，树起了口碑，建起了信任。同仁堂的堂训"炮制虽繁必不敢省人工，品味虽贵必不敢减物力"，深刻诠释了诚信担当之难能可贵，也成就了百年老店之美誉。

（6）蕴含创新发展的规律。

传承延续、改革创新是人类社会发展进步的基本规律。工匠精神也要求因时而变、顺势而为，在不断推陈出新中持续发展。一得阁将传统的墨块改成墨汁，迅速占领了用墨市场。

德国双立人刀具在国际市场独占鳌头，靠的就是不断升级换代。我国多数老字号重继承、轻创新，最终逐渐衰落。据统计，现存的 1 128 家中华老字号中，仅 10% 的老字号蓬勃发展，40% 的老字号勉强实现盈亏平衡，其余的老字号则持续亏损。

任务 3.1　城市的产生与发展

3.1.1　居民点的形成

城市到底是什么？人类出现伊始就有城市吗？

在原始社会时期，人类主要依附于自然而存活，多采用穴居、巢居，无固定的居住地点。他们风餐露宿，哪里有食物就去哪里，可能住在树上，可能住在洞穴里。他们也不是独居的，原始社会早期就有母系社会的原始群落。慢慢地，人类开始学会创造工具，以更广泛地获取食物等生存资源。

人类大多会选择靠近河流、湖泊等有水源的地方居住。向阳的河岸、台地就是比较适宜当时他们生存的居所。比如，在我国黄河中下游、埃及尼罗河下游、西亚两河流域这样的区域，人类慢慢就开始了农业的发展，形成了原始村落。在这些村落的外围会有壕沟或墙体栅栏，这些是为了防止野兽或外敌的入侵，这也成为后来城池建设的雏形。从原始村落考古复原图（见图 3-1）可以看出：居民点一侧靠近河流，解决水源问题；另一侧建壕沟，起到防御作用，壕沟外围还会有墓地、窑址等其他功能性用地。

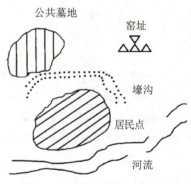

图 3-1　原始村落考古复原图

3.1.2　城市的形成

第一次劳动大分工，人类使用工具，开始发展农业并定居下来。

第二次劳动大分工，手工业从农业中分离出来，出现了商品交易。这对于城市的产生具有重大意义。原始居民点分化为以农业为主的乡村和以手工业、商业为主的城市。所以我们说，城市是生产发展和人类第二次劳动大分工的产物，是伴随着私有制和阶级分化，在原始社会向奴隶社会过渡时期出现的。

根据考古发现，人类历史上最早的城市——6000 年前苏美尔人建造的乌尔城，位于 6 000年前的两河流域——美索不达米亚平原。遗址位于伊拉克巴格达以南、幼发拉底河的南部，有适宜种植的土壤和丰富的水源，这符合城市是从农业发达地区发展而来的特点。从乌尔城复原图（见图3-2）来看，乌尔城平面呈叶形，南北最长处为 1 000 米，东西最宽处为 600 米。早期城池的规模有限，一是聚居人口的数量并不大，二是还有很多人口从事农业劳动。因此，古城内除中央土台外，还保留着大量耕地。在早期建城的过程中，无论是建筑布局，还是交通组织，基本上是自发的，因此看起来还比较杂乱，房屋密集，街道宽仅 3 米左右。

图 3-2　乌尔城复原图

3.1.3　城市发展

城市的发展，大致可以分为两个大的社会发展阶段，即农业社会和工业社会，也可以称前工业化时期和工业化时期，或称为古代的城市和近代的城市。

1. 古代城市的发展

1）城市对防御的需求

人类最初的固定居民点就具备防御功能。最初是防止野兽的侵袭，后来由于原始部落之间的战争，进而加强了这一功能。

春秋战国时期的《墨子》，已经记载了有关城市建设与攻防战术的内容，还记载了城市规模如何与城郊农田和粮食的储备保持相应的关系，以利于城市的防守。春秋战国之际，各诸侯国之间攻伐频繁，也正是在这个时期，形成了中国古代历史上一个筑城的高潮。中国古代一些城市的平面曾由一套方城发展成为两套城墙，都城则有三套城墙，且每层城墙外均有深而广的城壕。这些都是从防御要求出发的。

西亚巴比伦城的平面呈矩形，筑有两重墙。两重墙间隔 12 米，四周城墙又高又厚，城墙外有很深的壕沟环绕，有明显的防御目的。欧洲罗马帝国盛期，整个地中海地区都在罗马帝国的军事统治之下，罗马人在其统辖的地区大量建造驻兵的营寨城，其平面相当规范。位于阿尔及利亚的提姆加德城至今仍保存得极为完整。

2）社会形态发展与城市的布局

社会的阶级分化与对立在城市建设方面也有明显的反映。

在中国的古代城市中，统治阶级专用的宫城居于中心位置并占据很大的面积。商都殷城以宫廷区为中心，近宫外围是若干居住聚落，居民多为奴隶主和部分自由民。各邑之间空隙地段大多数为农业用地。居住聚落的外围散布着手工业作坊和居穴，居穴可能是手工业奴隶栖息之所。手工业作坊和居穴外围环布居邑，以务农为主，居住有下等自由民和农业奴隶，还有部分小奴隶主。曹魏邺城以一条东西干道将城市划为两部分：北半部为贵族专用，其西为铜雀园，正中为举行典礼的宫殿，其东为帝王居住和办公的宫廷，再向东为贵族专用居住区——戚里；南半部为一般居住区。图 3-3 所示为曹魏邺城平面图。

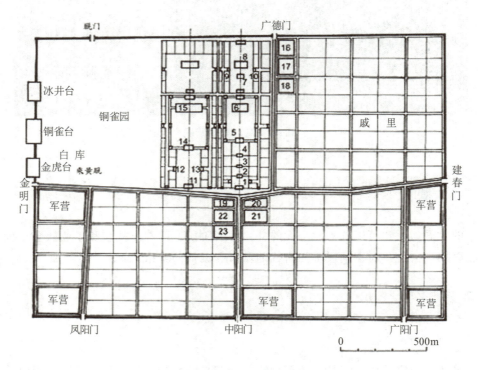

图 3-3　曹魏邺城平面图

埃及约公元前 2500 年为修建金字塔而建造的卡洪城是奴隶制时期的典型城市。城为长方形，用墙分为两部分：墙西为贫民居住区，挤满 250 间小屋；墙东路以北为贵族居住区，面积与贫民居住区相同，有 10～11 个大院，墙东路以南为中等阶层的居住区。

3）政治体制对城市的影响

社会政治体制对城市建设也有着直接的影响。中国的封建社会，自秦始皇统一全国，实行郡县制后，直至清王朝，大多数朝代是统一的中央集权制国家。各朝代的都城规模都很大，有几个朝代在新王朝建立之际，即按照规划新建规模宏大、布局严整的都城，如隋唐长安城、隋唐东都洛阳城、元大都等。这些都城都是集中全国的财力、物力，以超经济的手段，役使人民在短期内建成的。中国封建城市的中心是政治统治的中心，如宫殿、官府衙门等。

欧洲封建社会，在很长时期内分裂成许多小国，城市规模小，直至 17 世纪，英、法、德建立君权专制的国家，这些国家的都城伦敦、巴黎、柏林才有较大的发展。欧洲封建城市的中心往往是神权统治的中心——教堂。

4）经济发展对城市的影响

经济制度直接影响城市的发展形态。在整个漫长的封建社会中，小农经济是社会的经济基础，然而欧洲与中国在土地所有制上有很大的差别。中国是地主土地所有制，地主可通过其代理人向农民征收实物或货币地租，地主阶级尤其是大中地主可以离开农村集中居住在城市，而封建统治的官僚阶级本身就是地主阶级或他们的代表人物。欧洲是封建领主制，封建主大多数住在自己的城堡或领地的庄园中。中国的城市是政治、经济生活的中心，而欧洲往往政治中心在城堡，经济中心在城市。

2. 近代城市的发展

1）城市工业的发展与人口的聚集

工业革命发明人工能源，使人们开始摆脱对风力、水力等天然能源的依赖，把生产集中在城市，从而使加工工业迅速在城市发展，并带动商业和贸易发展，城市人口迅速膨胀。工业化吸收大量农业人口，使之转化为城市人口，城市拓展也吞并了周围的农业用地，失去土地的农民流入城市成为工人，加速了城镇化。

2）工业化带来城市布局的变化

工业化初期，在工厂的外围修建了简陋的工人居住区，也相应聚集了为他们生活服务的各种设施，以后又在外面修建工厂及住宅区，这样圈层式向外扩张，成为工业化初期城市发展的典型形态。

随着工业的进一步发展，产业的部类也日益增多，工业需要大量原料，产品要运输至外地，原料及产品均需要储运，就出现了城市仓储用地。

城市人口聚集，生活水平的提高和需求的多样化，许多新类型的商业及工业建筑应运而生，经济活动的增加推动金融机构的产生，城市中又出现商务贸易活动的地区。

随着火车、轮船出现并成为城市对外交通运输的主要工具，因铁路、车站、码头均有自己的用地选址要求，城市的结构布局被大大改变。19 世纪末汽车逐渐成为城市主要交通工具，对原来马车时代的道路系统也带来了很大的冲击。城市的道路系统布局发生了很大的变化。

城市的类型也有所增加，出现了港口贸易城市、矿业城市、交通枢纽城市、以某种产业为主的城市，等等。原来的一些大城市则发展成为经济中心，具有工业、商业、金融、贸易等综合功能。

3）工业化对城市环境的影响

城市中的工业在生产过程中产生的废气、污水等对居民的生活环境产生不利影响。城市居民生活水平的提高也会产生大量的生活污水及固体废弃物，城市在物质生活水平提高的同时，也对环境造成负面影响。

3. 二次世界大战后的城市发展

第二次世界大战中，欧亚大陆许多城市受到战火的严重破坏。战后一段时间，城市面临着恢复重建。至 20 世纪 50 年代中期，世界范围内经过了经济的恢复，进入新的发展时期。工业的发展，带来城镇化进程的加快，城市人口规模不断扩大。2008 年，世界城市人口已经达到总人口的 50%，地球开始进入城市时代。

城市郊区化：人口和就业向郊区转移。

区域一体化：形成城镇群、都市连绵区等，如中国长三角、珠三角、京津冀等地区，美国的芝加哥、西海岸城市带，日本的阪神地区等。

任务 3.2　城市与城市规模

3.2.1　城市定义

城市是人类集聚的重要形态，是人类发展到一定阶段的必然产物，也是社会文明的象征。关于城市的概念，不同学科对此有不同的诠释，主要有以下几种。

从字面上来理解，中文的城市可以分为"城"加"市"。"城"取自"筑城以卫君，造郭以守民"中的"城郭"，主要是为了防御，是防御性构筑物。城是指四面围以城墙，具有防卫意义的军事据点。"市"取自《易经》中的"日中为市，致天下之民，聚天下之货，交易而退，各得其所"，指的是交易的场所。把它们合起来，城市从字面上就能理解为是有防御、有市场交易的居民点。

在英文中城市可以表述为 urban，city 等。urban 指都市，强调的是这个场所由人构成，具备社会性，比如城市规划，英文表述为 urban plan。城市规划专业不仅要研究空间，还要研究由于人类活动而产生的各种问题。city 指城市，强调的是行政区划的场所，有行政区划范围，比如广州这个城市就有它的行政范围，也就是我们通常所说的市域界线。城市具有社会性、政治性、行政性、艺术性、聚居性等特点。

从地理学上看，城市是要处于某一处位置的，是建筑物和基础设施密集地区，是一种本质不同于农村的空间聚落。

从社会学上看，有人聚居，就会有人与人之间的关系，有人的各种活动。社会学家认为城市之所以为城市，主要是城市有其特有的生活方式，也就是城市性。所谓城市性就是指社会活动的形式和在由众多异质的个人组成的相对稳定的聚居地中出现的组织。

从经济学上看，城市有交易的场所、工业、服务业，所以经济学家认为城市是工业和服务业经济活动高度聚集的结果，是市场交换的中心。

从人口学上看，城市的规模取决于聚居了多少人，不同规模的人口，就会有不同规模的产业和不同规模的用地。人口学家认为城市是人口高度聚集的地区，人口规模和密度是判断城市的标准。

虽然各个学科从不同角度对城市进行定义，但至今未有一个公认的定义。"要给城市下一个准确的定义，是一件比较困难的事情。城市的定义已经成了著名的难题。"美国城市学理论家刘易斯·芒福德指出："人类用了 5000 多年的时间，才对城市的本质和演变过程获得了一个局部的认识，也许要用更长的时间才能完全弄清它那些尚未被认识的潜在特性。"

我们认识城市，不断摸索城市的特性，同时城市也随着科技的进步、人类需求的改变而变化，这就要求我们对城市的规划也要与时俱进。

从官方定义上看，《现代汉语词典》指出城市是人口集中，工商业发达，居民以非农业为主的地区，通常是周围地区的政治、经济和文化中心。这里提到了人口、产业、政治、经济和文化等要素。《不列颠简明百科全书》指出城市是一个相对永久性的、高度组织起来的人口集中的地方，比城镇和村庄规模大，也更为重要。

城市规划专业对城市的定义相对更完整些。在规划学科中，城市是以人为主体，以空间和环境利用为基础，以聚集经济效益和人类社会进步为目的的集约人口、经济、科学文化的空间地域系统。

从规划学科角度，我们强调城市的三个特性：一是社会性，因为城市有人的活动存在，并非完全自然的形态；二是物质性，城市的存在要依托一定的物质条件，城市各种空间的营造，都需要实体物质的支撑，需要各种基础设施的建设；三是经济性，因为城市有集聚的特征，各种产业的发展使城市具备不同的经济属性，这也是城市存在的重要意义。

3.2.2　城市与城镇的区别

城镇通常是指以非农产业和非农业人口聚集为主要特征的居民点，包括按国家行政建制设立的市和镇。市就是指我们所说的城市，是中国行政区划之一，通常根据行政地位的不同，分为属省级行政区的直辖市、属地级行政区的地级市、属县级行政区的县级市。镇也是中国行政区划之一，行政地位与街道、乡、民族乡、苏木、民族苏木、县辖区相同，属乡级行政区。所以，按照它们所包括的范围来分，城市小于城镇小于城乡。广义的城镇包括市和镇，狭义的城镇是指镇。

1. 市

按行政层级不同，市分为三种，分别是直辖市、地级市和县级市。直辖市行政地位与省、自治区、特别行政区相同，是中华人民共和国省级行政区，是直接由中央人民政府管辖的建制市。我国现有北京市、天津市、上海市、重庆市四个直辖市。

地级市是指行政地位与地区、自治州、盟相同，属地级行政区，是建制与地区相同的市，由省、自治区管辖。中国共计 293 个地级市，广东 21 个地级市（比如广州、深圳、佛山、珠海等）。

县级市属县级行政区，一是由地区、盟、自治州管辖，二是由地级市代管，三是由省或自治区直辖。中国共有 397 个县级市，广东有南雄市、化州市、恩平市、信宜市等县级市。

2. 镇

通常狭义的城镇是指镇，是指新型的正在从乡村性社区向现代化城市转变的过渡性社区。它基本上脱离了乡村社区的性质，但没有完成城市化的进程，还不足以达到城市的规模。可以从三个方面去理解：第一，城镇是介于乡村与城市之间，连接城乡且兼具二者功能的过渡性社区；第二，城镇是城镇体系的基本单元；第三，城镇是农村地区的政治、经济、文化、科技和生活服务中心。

3.2.3 城市规模

大家经常听到北上广深被称为一线城市，是因为这几个城市的生产总值高，经济发达，还是因为这几个城市面积大，人口多呢？这里就涉及对城市规模的认知。

从定义上我们不难发现，直辖市、地级市、县级市、镇是从行政层次来进行分类区分的，我们也能从规模上来进行划分。最早是 1955 年，原国家建委在《关于当前城市建设工作的情况和几个问题的报告》中首次提出了大中小城市的划分标准。1980 年，原国家建委修订的《城市规划定额指标暂行规定》按城市人口将城市规模分为四个等级。1984年 1 月 5 日，国务院发布《城市规划条例》，城市按照其市区和郊区的非农业人口总数，划分为三级。1989 年 12 月 26 日，《中华人民共和国城市规划法》颁布，指出城市规模按照市区和近郊区非农业人口数进行区分。2014 年 11 月 20 日，国务院印发《关于调整城市规模划分标准的通知》，明确新的城市规模划分标准。我们来对比这两个标准，新标准增加了分类等级，同时提高了相应等级的人口规模数量，比如传统分类中，20 万～50 万为中等城市，新分类中要达到 50 万～100 万才能称之为中等城市；以前 100 万就能是特大城市，现在是 500 万人口才称之为特大城市，并增加大于 1 000 万人口的分类，称之为超大城市。从这个对比我们能看出，中国城市发展非常迅速，人口不断向城市集中，人口规模扩大速度很快。

新老标准对城市的界定是一致的，都包括设区城市和不设区城市，但在空间范围和人口统计口径上有些不同。首先，新标准是指城区人口，即城市行政范围内实际建城区所涉及的村级行政单元的人口，而老标准是包括全部城市行政范围内的人口。其次，新标准的人口统计是指常住人口，即居住在城区半年以上的人口，而老标准是指市区内非农业户籍的人口。这个变化也是顺应中国城市发展现状的，城市配套建设要满足常住人口的需求，而户籍人口的统计并不能实际反映出城市的需求。最终，新标准以五类七档来呈现城市等级形式，如图3-4 所示。

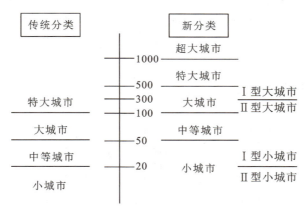

图 3-4　城市规模等级划分标准

任务 3.3　中国古代的城市发展

在原始社会时期,人类的生活主要依附于自然,石器是他们的主要工具,依靠采集、狩猎来获取食物,巢居、穴居为他们的主要居住形式。人类居住经历了从穴居、半穴居到地面建筑的演变。原始的巢居慢慢演变成了干栏式建筑。

随着人类社会第一次劳动大分工,即农业与畜牧业及狩猎业分开,开始逐渐形成一些以农业为主的固定居民点,这就是最初的原始村落,比如陕西临潼白家村仰韶文化遗址、长江流域著名的浙江余姚河姆渡遗址。

随着生产工具的进步,生产力不断提高,产生了剩余产品,也就产生了私有制,这就使原始公社的生产关系逐渐解体,慢慢过渡到奴隶制社会。由于私有制的产生,就需要有城郭沟池来保护私有财产。传说夏代就已"筑城以卫君,造郭以守民"。有了剩余产品及私有财产就需要交换,慢慢形成了固定的交换场所"市"或"市场"。所以可以说,城市是由于手工业及商业的产生及发展而从一般的村落居民点中分化出来的。

3.3.1　殷周时代的城市

在夏代逐渐形成奴隶制社会,商是灭夏后建立的第二个奴隶制王朝,周代建都丰京、镐京和后来建立的王城、成周。

殷周时代的城市往往是奴隶主的驻地,宫殿占有十分重要的位置。城市中分布着为奴隶主服务的各种手工业和商业,城市中存在明显的阶级差别和对立。

《周礼·考工记·匠人》中曾记载:"匠人营国,方九里,旁三门。国中九经九纬,经涂九轨。左祖右社,面朝后市,市朝一夫。"其中,匠人营国,指匠人丈量土地及建设城市;方九里,为每边长九里,如果按古尺折算,与洛阳周代城址基本相符;旁三门,指每边开三门；国中九经九纬，指城内有九条直街，九条横街；经涂九轨，指为车轨的九倍；市朝一夫，即市与朝各方百步；左祖为祖庙，右社为社稷坛。《周礼·考工记·匠人》记述的周代城市建设的空间布局制度对中国古代城市规划产生了深远的影响。

3.3.2 春秋战国时期的城市

春秋战国时期，是奴隶制向封建制转变的时期。这时期的城市既是统治阶级的政治中心，也是商业手工业集中的经济中心，城市统治着农村，出现了多种城市规划布局模式。都城一般都有城与郭之分：有的相重，如齐临淄；有的内外两重，如鲁国都城曲阜；有的并列，如燕下都与赵邯郸。城为贵族王宫，郭为一般市民住宅。列国都城基本上采取了这种布局模式，反映了当时"筑城以卫君，造郭以守民"的社会要求。

3.3.3 秦汉时期的城市

战国为秦所统一，结束了长期的战争分裂局面。秦咸阳是一座规模很大，但在布局上比较松散、地域很广的都城。"秦于渭南有兴乐宫，渭北有咸阳宫。"后又于渭南建信宫、阿房宫等。史学家猜测，秦咸阳诸宫各有宫城，未必有大城。秦咸阳同时也出现了不少复道、甬道等多重城市交通系统，在中国古代城市规划史中具有开创性的意义。

西汉建都长安。长安城是随着经济的发展，为了巩固中央集权制及防御外界的侵袭，先后经历 20 年时间，逐步修建而成的。

西汉初年，将秦代离宫兴乐宫扩建为长乐宫，不久又在其旁修建未央宫和北宫。之后修建建章宫、桂宫、明光宫。各宫均有宫墙、宫门，并有架空道相通。汉长安城原先并无城墙，城墙是在宫殿等建成后修筑的。都城北部城墙依渭水而建，顺应地势。都城共有城门 12 个，符合王城"旁三门"的制度。通城门的大道由三条并列的道路组成，中间为驰道，为帝王专行道路。城东北为手工作坊，城南为皇家园林及离宫。有集中的"市"，分布在南北主要道路的东西两列。居住地段称间里，分布在各宫殿之间。城市布局中也加入祭坛、明堂、辟雍等大规模的礼制建筑。

3.3.4 三国时期的城市

魏王曹操修建邺城。邺城的规划继承了战国时期以宫城为中心的规划思想，改变了汉长安布局松散、宫城与坊里混杂的状况。城市有明确的分区，统治阶级居城北，一般居民位于城南，反映了阶级的对立及当时等级的森严。整个城市的布局，将主道路正对城门，干道"丁"字相交于宫门前，把中轴线对称的布局手法从一般建筑群扩大到整个城市，对以后的都城布局有很大影响，如唐长安等。

三国时期，吴国定都建业。城市依自然地势发展，以石头城、长江险要为界，逐渐形成宫城、东府城、西周城鼎足之势。皇宫位于城市南北的中轴线上，重要建筑以此对称布局。居住里坊位于三城之间，有明显自发发展的情况。建业因其周边地形复杂，是我国古代大城市中不规则平面的典型，是周礼制城市规划思想与自然结合理念综合的典范。

佛教于东汉传入我国，在南北朝时得到空前发展，影响了中国古代城市规划思想。其影响主要体现在两个方面：一是城市布局中出现了大量宗教建筑，丰富了城市空间；二是城市的空间布局强调整体，强调形胜观念。

3.3.5　隋唐时期的城市

隋唐长安是在曹魏邺城之后，第一个平地新建的都城，在规划布局上总结了过去的优良传统，按照一定意图去建造，成为我国严整布局的都城的典型。

长安城平面方正，每面开三门，基本符合"旁三门"形制。宫城居中，宫前左右有祖庙和社稷等，符合"左祖右社"的传统规划。

城市布局上，隋唐长安城分区明确。它采用严格的坊里制度，以便于统治人民。整个城市采用中轴对称布局，凸显出皇权的至高无上。

隋唐长安无论在城市规划、道路宽度、坊里面积方面都大得惊人，丹凤门大街 170 多米，朱雀门大街大约 150 米，都远远超过了实际需要，这些都只是为了彰显强大。

隋唐长安城的规划对后世都城的规划有很大的影响。之后所修建的东都洛阳，城市规划和长安很像，但干道宽度较隋唐长安城小，且因地制宜，不如长安城那样规整。宋代东京汴梁也间接受到隋唐长安城影响。

3.3.6　宋朝时期的城市

北宋东京城（今河南省开封市）是我国古代都城的又一种类型，在城市建设史上占有重要地位。开封附近是我国古代文化最先发展的地区之一。殷商时代这一带就出现过不少城市。五代时除后唐外，都在此建都。北宋统一后，在东京建都，金灭北宋，城市受到破坏，政治中心南移至临安。加上黄河改道，影响了农田水利和漕运交通，城市逐渐衰落，后元、明、清等朝代，开封均为地方性省会。

整个隋唐时期，大运河一直以来是国内主要的经济命脉，而开封位于大运河与黄河相交处，大量漕运在此转运，故开封逐渐发展成为工商业交通重镇。五代时又成为首都。急剧的人口增长带来城市拥挤等相关问题，后周世宗柴荣对城市进行了较大规模的改扩建，主要措施为：在旧城之外，加筑罗城；展宽道路，改善交通条件；疏浚运河，便于城市供应；制定许多防火、改善公共卫生的措施。

开封有三套方城，南北较长，东西较短，平面形状并不方正规则。最内是皇城，也称大内；第二重为里城；最外一层为罗城。三套城墙，三道护城河，反映了当时的防御要求。开封城内河道较多，号称"四水贯都"，其中，汴河横穿城的东西，而且是南北大运河的一段，是城市供应、商业经济的主要交通线。

城市干道系统以皇城为中心，正对各城门，形成井字形方格网。其他一般道路和巷道也多呈方格形，也有丁字相交的，在里城外、罗城内还有几条斜街。街道宽窄不一，以御道最宽。开封的街道普遍比长安、洛阳窄，道路密度比过去大很多，一般街巷的间距很小。

城市中打破里坊制，道路与商业街相结合，沿河两岸商店、酒楼、商业行市众多，形成熙熙攘攘的商业街，但城内仍然有集中交易的市。城内居住地区，仍分为许多坊。宋代的坊与长安封闭式的坊不同，没有坊门及坊墙，开封的坊实际上是地段名称或行政管理单位。

金灭北宋，宋王朝迁都于临安，即今天的杭州。北方的官僚、地主及大批百姓避乱南迁，城市人口增加很快。南宋时城垣在吴越城的基础上增修，共13个城门。宫城在城南凤凰山东，原是吴越时府州所在的子城。临安地形复杂，城市依地形而建，城垣形状不规则，官署也多利用原有建筑分散各处，道路多自发形成。城市较汴梁更加繁荣。

3.3.7　元朝时期的城市

13世纪后，北方游牧民族蒙古族逐渐强大，并向中原地区扩张。1215年蒙古骑兵南下攻占金朝都城——金中都，将大部分宫城建筑摧毁。1264年，蒙古统治者忽必烈决定在金中都附近建立新的都城，命汉人刘秉忠主持规划。元大都规模宏大、规划整齐，是当时世界著名的大城市，后逐渐发展成明清两代的北京城。

金中都是在金国灭了辽国之后，在辽南京的基础上进行大规模改造后建成的。金中都在改建前，曾派画工至汴梁，测绘了宋代都城及建筑图样，参照它的形制进行规划建设。所以说金中都的规划受到汴梁很大的影响。

元大都位于北京小平原，三面有山环绕，城东南一带为大片沼泽。元大都建设时，进行了详细的地形测绘，并制定了总体规划。在修建房屋与街道之前，埋设了全城的下水管道。

城市有三套方城，分外城、皇城及宫城。宫城居中，元大都有一条明显的中轴线，南起丽正门，经宫城崇天门，到万宁宫的中心阁，这也是以后明清北京城的中轴线。城市呈对称布局，反映了封建社会儒家"居中不偏""不正不威"的传统观点，烘托了至高无上的皇权威严。

元大都皇城中部为海子，即中海、南海与北海，其东为宫城。皇城东北部为御苑。皇城西部有隆福寺及兴圣寺等。其中，规则的宫殿与不规则的苑囿有机结合，极具艺术效果。元大都的衙署布置分散在皇城各处，不像唐宋都城那样集中。城内划分有50坊，元大都的坊也只是一个地段，并无坊墙及坊门等。元大都的布局符合"左祖右社，面朝后市"的传统规划制度。

3.3.8　明清时期的城市

明清北京城在元大都基础上建立，具有京城、皇城和宫城三重城墙，其中京城又包括内城和外城。京城内城范围与元大都相比，北部向南收缩了约五里；南部为延长宫门前御道长度，将城墙南移一里半。皇城包括三海及宫城，正南门为天安门，左右设有太庙及社稷坛，前为千步廊，两侧为五军都督府与六部衙署。外城即南城，形成大片商业市肆及居民区。

明清北京城具有封建社会后期城市布局的典型两重性。一方面，城制、宫殿、官署、宗教建筑等按传统的宗法礼制布局；另一方面，府邸、民居、商业市肆、会馆等具有自发形成的特点，表现出较大的灵活性。

任务 3.4　城镇化

3.4.1　城镇化的定义

简单来讲，城镇化就是农业人口和农用土地向非农业人口和城市用地转化的现象及过程。这个过程在过去的这十几年大家应该都有深刻的体会，比如我们看到的一些现象：农民工进城打工、农村空心化、城市不断扩张等。城镇化具体包括以下几个方面。

其一，人口职业发生了变化：由原来从事农业生产转变为从事第二产业和第三产业，表现为农业人口不断减少，非农业人口不断增加。

其二，产业结构发生了转变：工业革命后，工业不断发展，第二、第三产业的比重不断提高，第一产业的比重相对下降；工业化的发展带来农业生产的现代化，农村多余人口转向城市的第二、第三产业。

其三，土地及地域空间发生了变化：农业用地转化为非农业用地；由比较分散、低密度的居住形式转变为较集中成片的、密度较高的居住形式；从与自然环境接近的空间形态转变为以人工环境为主的空间形态。

总之，城镇化的结果是原来的农村变成了郊区、城区，人们的居住形式、空间形态都发生了改变；人们的生活方式也由原来的农耕生活转向了城市生活。

城镇化也可以称为城市化，因为城市与镇均是城市型的居民点，均以第二、第三产业为主，其区别仅是文字使用的习惯或其规模的不同。

3.4.2　城镇化率

那如何衡量城镇化水平呢？城镇化率就是反映城镇化水平的重要指标。它是城镇人口与总人口的比值。城镇人口的统计可以是常住人口，也可以是户籍人口，那么这里就出现了常住人口城镇化率和户籍人口城镇化率。从我国的城镇化率看，无论是常住人口城镇化率还是户籍人口城镇化率都是在不断增长的，如图 3-5 所示。

图 3-5　全国常住人口城镇化率和户籍人口城镇化率变化图（%）

3.4.3 城镇化进程的表现特征

城镇化进程的表现特征如下所述。

（1）城镇人口占总人口的比重不断上升，大量农村人口涌入城市。

（2）产业结构的转变。表 3-1 所示为 1960—2017 年国际产业结构变化。从表可知，从 1960 年到 2017 年，低收入经济中农业占 GDP 50％到只占 20％，中等收入经济中农业占 GDP 22％到只占 8％，高收入经济中农业占 GDP 6％到只占 2％。可以发现，原来从事传统低效的第一产业的劳动力转向从事现代高效的第二、第三产业，产业结构逐步升级转换，国家和区域创造财富的能力不断提高。

表 3-1　1960—2017 年国际产业结构变化

产业类型	各产业占 GDP 的百分比/（％）											
	1960 年			1995 年			2004 年			2017 年		
	Ⅰ	Ⅱ	Ⅲ	Ⅰ	Ⅱ	Ⅲ	Ⅰ	Ⅱ	Ⅲ	Ⅰ	Ⅱ	Ⅲ
低收入经济	50	17	33	25	38	35	23	25	52	20	20	60
中等收入经济	22	32	46	11	35	52	10	34	56	8	27	65
高收入经济	6	40	54	2	32	66	6	24	70	2	20	78

（3）农业现代化促进农业发展，农业人口减少，剩余的农业人口向城镇转移。

如果从动力机制来分析城镇化，可以说农业发展是城镇化的初始动力，因为农业发展为城镇人口提供商品粮，农业为城市工业提供资金原始积累，为城市工业提供原材料，为城市工业提供市场，为城市发展提供劳动力。城镇化推动过程中，农业发展起基础作用，其根本动力还是工业化，它是城市经济发展的基石。在工业发展之后，想要继续推进城镇化，就必须依靠第三产业的发展，因此称第三产业是城镇化的后续动力，是生产性服务的增加和消费性服务的增加。

3.4.4 世界城镇化历程

在对城镇化的研究中，有一条著名的曲线叫诺瑟姆曲线。1979 年，美国地理学家诺瑟姆在研究了世界各国城镇化过程的轨迹后，把一个国家和地区城镇化变化过程概括为一条稍被拉平的 S 形曲线，即诺瑟姆曲线，如图 3-6 所示。起步阶段是城镇人口占总人口比重低于 30％的时候。这一时期，生产力水平尚低，城镇化的速度缓慢，较长时期城镇人口占总人口比重才能达到 30％左右。加速阶段是城镇人口占总人口比重 30％～60％。这一时期由于经济实力显著增强，城镇化的速度加快，不长时间内城镇人口占总人口比重达到 60％或以上。稳定阶段是指城镇人口占总人口比重达 60％以上。这一时期农业现代化的过程已基本完成，农村的剩余劳动力已基本上转化为城镇人口，一部分工业人口转向第三产业，城镇化率就会变得比较缓慢。

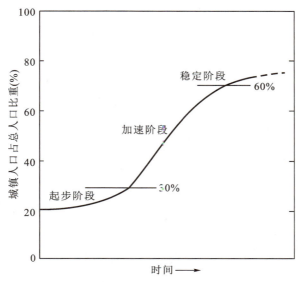

图 3-6　城镇化发展的 S 形曲线（诺瑟姆曲线）

3.4.5　中国的城镇化道路

中国的城镇化进程比西方晚，从 20 世纪后半期开始，速度很慢，发展也不平衡。这与工业化进程、国家政策导向有密切关系，大致可分为三个阶段：第一阶段，1979 年以前，全国常住人口城镇化率变化很不稳定，既有激增又有骤减，波动十分明显，与我国社会、经济和政治状况密切相关，比如知识青年下乡等；第二阶段，改革开放以后，以经济建设为中心，城镇化率保持稳步增长，从 1980 年的 19.39％增长到 1998 年的 30.4％，年均增长 0.6 个百分点，进入诺瑟姆曲线的加速阶段；第三阶段，进入 21 世纪，城镇化率进一步快速增长，从 1999 年的 30.89％增长到 2019 年的 60.6％，年均增长 1.5 个百分点，即将进入诺瑟姆曲线的稳定阶段，如图 3-7 所示。

虽然我国城镇化率整体在快速提升，但城镇化水平在东、中、西部地区存在较大差异。同时，我国的城镇化进程面临着较多的问题和挑战，比如失地农民的就业问题，农民工落户问题，城市规模不断扩大导致耕地被占用、城乡发展不协调、环境污染等问题。为此，需要由"数量城镇化"向"内涵城镇化"转变，要解决的是城市土地的粗放式扩展、城市自身可持续发展问题、城市基础设施建设问题、城市建设质量不高等问题。

3.4.6　新型城镇化

新型城镇化是指坚持以人为本，以新型工业化为动力，以统筹兼顾为原则，推动城市现代化、城市集群化、城市生态化、农村城镇化，全面提升城镇化质量和水平，走科学发展、集约高效、功能完善、环境友好、社会和谐、个性鲜明、城乡一体、大中小城市和小城镇协调发展的城镇化建设路径。

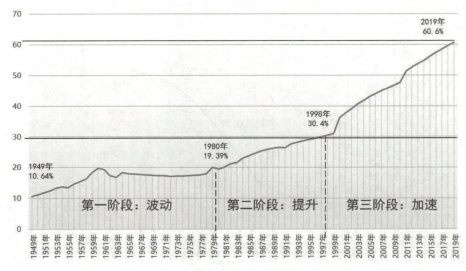

图 3-7　全国常住人口城镇化率变化情况（%）

新型城镇化的"新"就是要由过去片面注重追求城市规模扩大、空间扩张，改变为以提升城市的文化、公共服务等内涵为中心，真正使我们的城镇成为具有较高品质的适宜人居之所。强调以人为核心，协调社会、环境、人的关系，由原来的"重城轻乡""城乡分治"，转变为经济、社会、环境和文化全面改善的城乡一体化发展。

思考题

1. 我国城镇化发展分哪几个阶段？什么是新型城镇化？

2. 我国古代城市发展的三个典型代表是唐长安城、宋东京城和明清北京城，简述这三个城的布局特征。

3. 2014 年城市人口规模划分标准是什么？

项目 4　城乡规划思想的演进

项目概述

　　人类在实践活动中逐渐形成关于规划的方法论。本项目主要讲述城乡规划的思想发展，城乡规划思想往往与一个地区、一个国家的传统思想文化、政权体制紧密相连。本项目在介绍中西方古代城乡规划思想及经典案例后，具体阐述现代城乡规划思想发展。在分析城乡规划工作面对的城市发展趋势与挑战的基础上，提出城乡规划思想方法的变革；指出城市是变化的，规划是动态的，规划的思想是需要与时俱进的。

学习目标

　　知识目标：①了解古代城市规划实践与思想；②掌握中国古代儒家、道家思想对城市规划理论的影响；③背诵并理解《周礼·考工记》；④了解现代城市规划理论，理解田园城市、卫星城、有机疏散等重点基础理论；⑤理解从实践、理论、技术再到实践的过程；⑥了解城市全球化、信息网络化、区域一体化、全球城镇化趋势。

　　素养目标：①人类在为生存奋斗的实践中，逐步认识如何改善自我的生存环境，使之满足生活及生产的需要，在实践活动中形成关于规划的方法论，发展到现在，生态文明成为规划理论的前提；②城乡规划思想往往与一个地区、一个国家的传统思想文化、政权体制紧密联系。

关键内容

　　重点：①理解不同时期城市建设的需求和变化；②理解并掌握田园城市理论、卫星城理论、集中主义与分散主义等经典理论；③理清时代发展背景，国家政策要求，明确规划的意义和发展方向。

　　难点：①各种理论产生的背景；②城乡规划工作面临的挑战。

思政园地

生 态 文 明

　　生态文明是以人与自然、人与人、人与社会和谐共生、良性循环、全面发展、持续繁荣为基本宗旨的社会形态。生态文明，是人类文明发展的一个新阶段，即工业文明之后的文明形态。生态文明是人类遵循人、自然、社会和谐发展这一客观规律而取得的物质成果与精神成果的总和。从人与自然和谐的角度来看，生态文明是人类为保护和建设美好生态环境而取得的物质成果、精神成果和制度成果的总和，是贯穿经济建设、政治建设、文化建设、社会建设全过程和各方面的系统工程，反映了一个社会的文明进步状态，是人类文明发展的历史趋势。我们要以生态文明建设为引领，统筹人与自然和谐共生。要解决好工业文明带来的矛盾，把人类活动限制在生态环境承载能力范围内，对山水林田湖草沙进行整体性保护和系统性治理。

海 绵 城 市

海绵城市作为新一代城市雨洪管理概念，是指城市能够像海绵一样，在适应环境变化和应对雨水带来的自然灾害等方面具有良好的弹性，也可称之为"水弹性城市"。城市能够像海绵一样，在适应环境变化和应对自然灾害等方面具有良好的"弹性"，国际通用术语为"低影响开发技术体系"，下雨时吸水、蓄水、渗水、净水，需要时将蓄存的水释放并加以利用，实现雨水在城市中自由迁移。从生态系统服务角度，海绵城市的核心是跨尺度构建水生态基础设施，整合多类具体技术形成完整的生态雨洪管理系统。2017 年 3 月 5 日第十二届全国人民代表大会第五次会议，李克强总理在政府工作报告中提出统筹城市地上地下建设，再开工建设城市地下综合管廊 2 000 千米以上，启动消除城区重点易涝区段三年行动，推进海绵城市建设，使城市既有"面子"，更有"里子"。海绵城市是推动绿色建筑建设、低碳城市发展与智慧城市构建的创新表现，是新时代特色背景下现代绿色新技术与社会、环境、人文等多种因素下的有机结合。

韧 性 城 市

2020 年 11 月 3 日，新华社播发党的十九届五中全会审议通过的《中共中央关于制定国民经济和社会发展第十四个五年规划和二〇三五年远景目标的建议》（简称《建议》），其中首次提出建设"韧性城市"。《建议》提出，"推进以人为核心的新型城镇化……强化历史文化保护、塑造城市风貌，加强城镇老旧小区改造和社区建设，增强城市防洪排涝能力，建设海绵城市、韧性城市。提高城市治理水平，加强特大城市治理中的风险防控。"

任务 4.1　中国古代城乡规划思想

经过漫长的历史，人类在为生存奋斗的过程中，逐步认识到如何改善生存环境，使之满足生活及生产的需要。

中国古代在城镇修建和房屋建造方面总结了大量生活实践的经验，其中常以阴阳五行和堪舆学的形式出现。虽然至今尚未发现系统论述城市规划和建设的中国古代书籍，但有许多理论和学说散见于《周礼》《商君书》《管子》和《墨子》等政论著作和史书中。

4.1.1　奴隶社会

原始社会龙山文化时期的藤花落古城的外城由城墙、城壕、城门等组成，内城有城垣、城外道路、城门和哨所等。内外城方向轴向约为 55°。内城现存 35 处房址，分长方形单间、双间、排房及回字形、圆形等建筑形制。内城外和北部外城之间有保存较好的稻作农业生产区遗迹。

到了奴隶社会，城乡规划思想也有一定的发展。夏朝已开展疆域勘测，居民点开始向城镇发展。天文学、水利学、居民点建设技术特别是陶制排水管、夯土筑台技术等的运用，奠定了中国古代城市建设规划思想的基础。

商代有了城市雏形，盛行迷信占卜、崇尚鬼神的思想影响了城镇空间布局。早期的河南偃师商城（见图 4-1），中期的郑州商城、武汉盘龙城遗址、安阳殷墟都是该时期的代表。

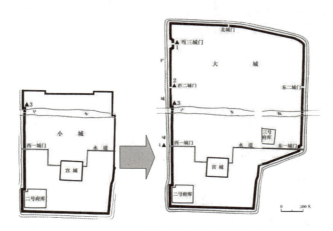

图 4-1　河南偃师商城聚落演变

周代则有了以《周礼》为基准的礼制规划思想，兴建了丰京、镐京两座京城。东周王城洛邑城就是完全按照《周礼》的设想规划建设的都城，由召公和周公主持勘测定址，继而进行了有目的、有计划、有步骤的城市建设。这也是中国历史上第一次有明确记载的城市规划事件。

《周礼·考工记》成书于春秋战国之际，记载了关于周代王城建设的空间布局，如图 4-2 所示，"匠人营国，方九里，旁三门，国中九经九纬，经涂九轨，左祖右社，面朝后市，市朝一夫"，也就是：建筑师建设城市，城的每边为九里长，每边开三个门，城内有九条直街，九条横街，每条道路可容九辆车并行；左边为祖庙，右边为社稷坛，前面为朝廷寝宫，后面为市场和民居，每市和每朝各百步见方，也就是 140 米×140 米。这段话成为理解中国古代城乡规划制度的钥匙。

同时，《周礼》反映了古代哲学思想开始进入都城建设规划，这是中国古代城市规划思想最早形成的时代。它明确了按照封建等级，不同级别的城市（王城—诸侯城—都城）在用地面积、道路宽度、城门数目、城墙高度等方面的级别差异，同时也论述了城外的郊、田、林、牧的相关关系。这与我们现阶段所提出的山湖林田草生命共同体，树立生态治理大局观、全局观也是一脉相承的。

到了战国时期，中国就有了更为丰富的城乡规划布局模式。据《管子》等论著记载，这一时期的城乡规划打破了周王城单一模式的建制，以"道法自然"思想为主，从城市功能出发，建立了理性思维和与自然环境和谐的城市和建筑体系。《管子》是中国古代城乡规划思想发展史上一本革命性的著作。比如"凡立国之都，非于大山之下，必于广川之上。高勿近

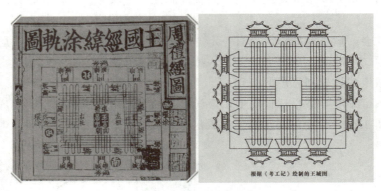

图 4-2　《周礼》对都城建设的指引

阜而水用足，低勿近水而沟防省"；"应天才，就地利，故城郭不必中规矩，道路不必中准绳"，这些都论述了城市建设与自然环境的相互关系。《管子》在城乡协调方面还提出必须将土地开垦和城市建设统一协调起来，农业生产的发展是城市发展的前提，在城市内部空间布局上提出采用功能分区制度，发展商业和手工业。

在不同诸侯国的实践方面，也有不少典范。比如：吴国伍子胥提出"相土尝水，象天法地"，主持建造阖闾城，充分利用了江南水乡水网密布的特点；越国范蠡按照《孙子兵法》为国都规划选址；齐国临淄城根据自然地形布局，南北向取直，东西向沿河道蜿蜒曲折，防洪排涝设施与防御功能完美结合；鲁国济南城打破严格对称格局，与水体和谐布局；赵国国都建设考虑北方特点，高台建设与防御相得益彰；江南淹国的国都淹城，城与河浑然一体，自然蜿蜒。

战国时期关于城乡规划思想的论著主要有三本。《墨子》：关注城防，城址选择必须考虑防守，城的规模要与人口相当，城市财富要集中于城市适当部位以利军事保护。《孙子兵法》：考虑军事与城市选址、建设相结合，对选址、防御和地形的结合都有很好的建议。《商君书》：开创古代区域城镇关系研究先例，从城乡关系、区域经济和交通布局的角度，对城市的发展和管理制度进行阐述，考虑都邑道路、农田分配、山陵丘谷比例的合理分配，论述粮食供给、人口增长与城市发展规模的关系。

从中国古代原始社会到夏商周再到战国时期，中国城乡规划的思想有了相关的论著，有了规划的实践，在防御、地形地貌、城乡关系、区域经济等方面都有了思考与总结。

4.1.2　封建社会

战国时期，城乡规划思想百花齐放，那么进入封建社会时期，会有什么改变呢？

秦代推崇"相天法地"的理念，具体就是强调方位，以天体星象坐标为依据，布局灵活。都城咸阳无统一规划和管理，贪大求快，"每破诸侯，写放其宫室，作之咸阳北阪上"，可见当时的规模。当时也出现复道、甬道等多种城市交通系统，具有开创性意义。秦代这样的神秘主义色彩对中国古代城乡规划思想的影响也是比较深远的。

到了汉代，城乡规划思想可以从西汉长安城到东汉洛阳城布局模式的改变得以体现，如

图 4-3 和图 4-4 所示。西汉长安城布局不规则，宫殿与居民区相互穿插，没有体现周礼制布局。王莽代汉后，洛阳城强调皇权，宫殿与居民区空间分隔，周礼制得到全面体现。受儒教影响，出现祭坛、明堂、辟雍等大规模礼制建筑。

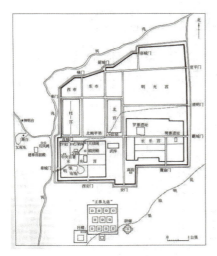

图 4-3　西汉长安城

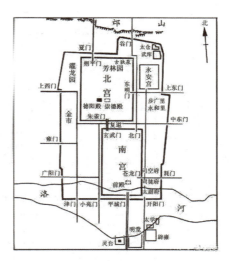

图 4-4　东汉洛阳城

三国时期的城乡规划思想，继承周王城以宫城为中心的形制，更强调采用城市功能分区的布局方法，交通轴线分级明确，对中国古代城市规划思想有深远的影响，特别是对隋唐长安城的建设。

三国的吴国是周礼制规划思想与自然结合的典范。吴国金陵城的城市用地依自然地势发展，以石头山、长江险要为界，依托玄武湖防御。王宫位于南北中轴线上，重要建筑以此对称布局。"形胜"是对周礼制城市空间规划思想的重要发展。

南北朝时期，佛教和道教影响城乡规划思想。东汉传入中国的佛教和春秋时代创立的道教空前发展，突破了儒教礼制城市空间规划布局理论一统天下的格局。一是城市布局出现大量宗庙和道观，城市外围出现石窟；二是城市的空间布局强调整体环境观念，强调形胜观念，强调城市人工和自然环境的整体和谐，强调城市的信仰和文化功能。

发展到隋唐，里坊制度的发展对城乡规划思想有着较大影响。唐长安城的建设是以里坊为基本单元，由里坊的组合形成都城空间的主要形态，如图 4-5 所示。从建设时序上看，在规划指导下，先测量定位，再筑城墙埋管道，接着辟干道，最后划定坊里完成建设，已经有了我们现代城市规划建设的雏形。

五代十国时期，最能体现城乡规划思想的是柴荣的诏书，它是中国古代城市建设的杰出文件。后周世宗柴荣关于改建、扩建东京（汴梁）的诏书，分析了城市在发展中出现的矛盾，论述了需解决的问题，提出了相应的措施，使之成为研究中国古代"城市规划和管理问题"的重要依据。

宋代则为中国古代城市扩建问题研究提供代表案例。宋代开封城的扩建，延续了后周世宗柴荣诏书的思想，进行了有规划的城市扩建。随着商品经济的发展，废除了里坊制，形成

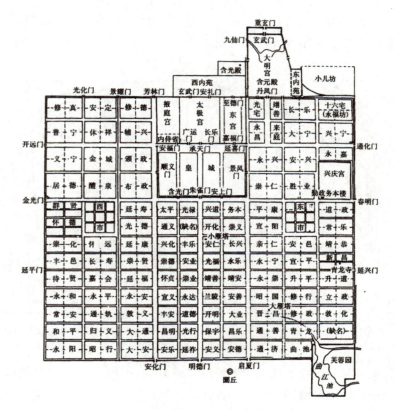

图 4-5　唐长安城平面图

了开放的街巷制,自北宋开始沿袭下来,成为中国古代城乡规划布局后期与前期区别的基本特征,反映了中国古代规划思想重要的新发展。

元代在规划思想上更强调中轴对称,在几何中心建中心阁,多方面体现《周礼·考工记》的王城空间布局制度,并结合当时经济、政治和文化发展的要求,反映地形地貌特点。元大都也是全部按照规划修建的都城,如图 4-6 所示。

明清基本上是延续元代的思想,明清北京城保存了元大都的城市形制特征,如图 4-7 所示。明北京城的内城范围在北部收缩了 5 米,南部扩展了 1 米,使中轴线更为突出,从外城南侧的永定门至内城北侧的钟鼓楼长达 7.5 千米,显示了封建帝王的至高无上。

我们从时间顺序上理顺了中国古代城乡规划思想的发展,现在对其特征进行总结。

①强调整体观念和长远发展,基本上是按照规划开展城市建设;

②强调严格有序的城市等级制度,这是受儒家思想深刻影响,布局严谨、中轴对称、宫城居中;

③强调人工环境与自然环境的和谐,反映出人与自然和谐共存、尊重自然、因地制宜、天人合一等思想;

④强调城市和乡村的互相促进,体现出农业促进工商业发展,乡村促进城市发展;

⑤中国城乡规划思想影响了日本、朝鲜等东亚国家的城市建设实践。

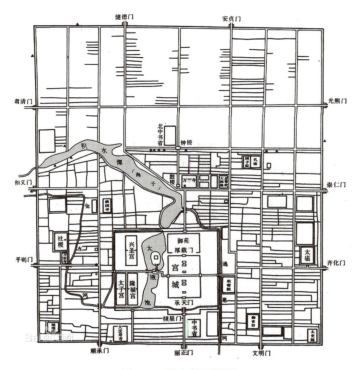

图 4-6 元大都平面图

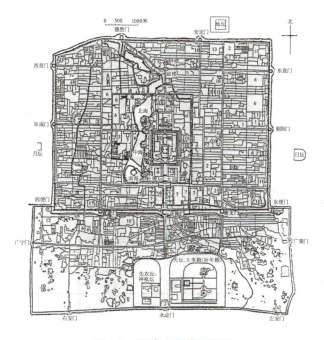

图 4-7 明清北京城平面图

任务 4.2　西方古代的城乡规划思想

4.2.1　西方古代两河流域的规划思想

西方古代两河流域的规划思想其实体现三大特征：一是城市有着浓郁的宗教特征，城中会建造许多神庙；二是城市功能与选址具有鲜明的商贸特点，大多因河而建，设有港口，后多发展为繁华的商业贸易中心；三是当时建城注重私密空间和城市防御，神殿和平民住宅都设有对内开放的中庭空间，都筑有城墙用以抵御外敌、洪水及自然灾害等。这些特点在波尔西巴、乌尔及新巴比伦时期巴比伦城这些代表性城市中得到充分体现。

波尔西巴城建于公元前 3500 年，考虑到通风需求而采用南北向布局（见图 4-8），四周设有城墙和护城河；城市中心为"神圣城区"，王宫在北端，三面临水，住宅庭院混杂布置在居住区。

乌尔城建于公元前 2000—2100 年，面积约 88 公顷，人口 3 万～3.5 万人。平面呈卵形，最高处为神堂，之下有宫殿、衙署、商铺和作坊。王宫、庙宇及贵族僧侣的府邸位于北部夯土七层高台上，与普通平民和奴隶居住区有高墙分隔。同时，城内还有大量耕地。图 4-9 所示为乌尔城平面复原图。

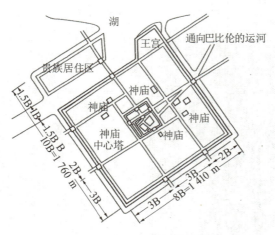

图 4-8　波尔西巴城平面复原图

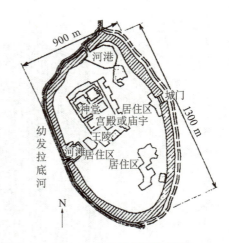

图 4-9　乌尔城平面复原图

新巴比伦时期巴比伦城建于公元前 7 世纪，平面呈长方形，东西约 3 千米，南北约 2 千米。城墙两重相套，圣地位于城市中心，筑有观象台；南面是神庙。城中有"空中花园"。城内已有不同等级的道路交通组织，设九个城门，大道均匀分布，南北主大道宽 7.5 米，其他道路相对较窄，宽 1.5～2 米。图 4-10 所示为新巴比伦时期巴比伦城平面复原图。

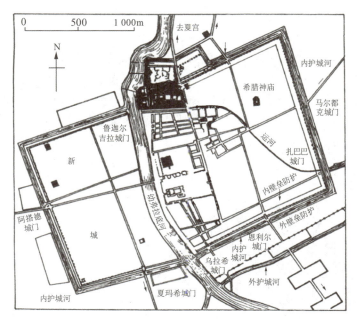

图 4-10　新巴比伦时期巴比伦城平面复原图

4.2.2　古埃及的规划思想

古埃及规划思想体现在一个人和一座城上。

一个人就是可以被称为第一位城市规划师的伊姆霍特普（Imhotep）。他受埃及法老之命规划了孟菲斯城市总图。规划过程中受到对自然力神秘崇拜的影响，以陵墓、庙宇、狮身人面像作为城市的主要节点，体现了社会等级制度。一座城指卡洪城，这是一座为了修建金字塔而建造的城。它最早运用功能分区原理，最早使用棋盘式路网，运用了对称、序列、对比、主题、尺度等城市规划设计手法。

卡洪城由厚墙分为东西两部分，墙西为奴隶居住区，墙东路以北为贵族居住区主要是一些大庄园，墙东路以南为中等阶层居住区主要生活着商人、小吏、手工业者。以墙和道路将城清晰地分成了三个区域，社会分层明确。

4.2.3　古希腊的规划思想

古希腊的规划思想主要体现在希波丹姆模式。这种模式，是以方格网的道路系统为骨架，以城市广场为中心，广场是市民集聚的空间。城市以广场为中心的核心思想反映了古希腊时期的市民民主文化，体现出寻求几何图像与数之间和谐与秩序的美。典型的案例就是米列都城（见图 4-11）。

4.2.4 古罗马的规划思想

古罗马的规划思想主要体现在一类城上。这类城被称为营寨城，如图 4-12 所示。这与古罗马的征战息息相关。公元前 300 年，罗马人几乎征服了整个地中海地区，在被征服的地方建造了大量的营寨城。所以古罗马营寨城的规划思想深受军事控制目的影响，用以在被占领地区的市民心中确立向罗马俯首称臣的认同感。营寨城平面呈方形或长方形，中间十字形街道通向东、南、西、北四个城门，街道交点附近为露天剧场或斗兽场以及官邸建筑群形成的中心广场。

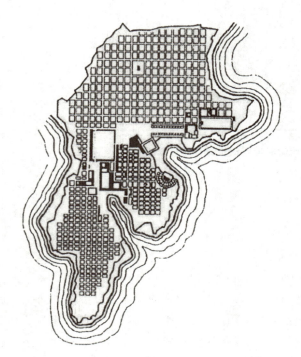

图 4-11　米列都城平面图

图 4-12　古罗马营寨城平面图

图 4-13　维特鲁威的理想城市
平面示意图

古罗马时期，维特鲁威的《建筑十书》是西方保存下来的最完整的一部古典建筑典籍。书中在城址选择上提出要占用较高地段，利于避浓雾、强风和酷热；要考虑良好的水源、丰富的农产资源，要有便捷的公路或河道通向城市；建筑物选址需要考虑地段四周现状、道路、地形、风向、阳光、水质、污染等；街道的布置要考虑街道与风向、公共建筑位置的关系。

在《建筑十书》中，维特鲁威还提出了理想城市方案。如图 4-13 所示，他设想的平面为八角形，城墙上每个顶点有两个塔楼，两个塔楼之间的距离不大于箭射的距离，以便防守各个方向的攻城者；道路呈放射状，考虑风的影响，道路没有直接通向城门；市中心有一个广场，广场中心设一座神庙。这种几何形式的理想模型，对西方文艺复兴时期的城市规划产生了重要影响。

4.2.5　欧洲中世纪的规划思想

5—10 世纪，以务农为主的日耳曼人南下，社会生活中心转向农村，西欧的城市建设基本停滞。直到 9—10 世纪，农业经济发展，手工业和商业恢复活力，在一些交通要道节点、城堡附近，逐渐形成城市。

由于这样的时代背景，当时的城镇具备以下特征。

（1）教堂成为这些新发展起来的城市的中心，教堂建筑高度、体量凌驾于所有建筑之上。教堂与前广场形成城市公共活动中心，道跺以此为核心向周边辐射，城市天际线优美而有秩序。

（2）由于这些城镇是在农业发展的基础上形成的，城镇的建设更符合地形，选址于水源丰沛、粮食充足、易守难攻、地势稍高的地区，以环状、放射状为主。这也决定了这些城镇大多是自然演化发展而来，很少按照规划进行建造。

（3）这些城镇在排水、卫生设备等基础设施上建设不完善，建筑拥挤，"黑死病"肆虐。

（4）从商业特性上看，主要是商业街区的行车灯，商业主要布局在街道两侧，公共建筑主要围绕教堂布局。

总结国外古代城乡规划思想，两河流域体现出浓郁的宗教特征，商贸特点明显，并且注重私密空间的营造；古埃及最早运用功能分区原理，最早使用棋盘式路网，运用对称、序列、对比、主题、尺度等城市规划设计手法；古希腊时期的人们更追求哲理，因此他们的城市更体现了哲理性，追求数与形的美；古罗马时期的人们更注重工程技术以及向外扩张的目的，城市大多较宏伟；中世纪许多城市居民迁往农村，城市逐渐衰败；自然主义盛行；教堂成为城市中心，主宰城市总体布局。

任务 4.3　现代城乡规划思想发展

4.3.1　空想社会主义

近代工业革命给生活带来了巨大便利，也给城市带来了种种矛盾并日益尖锐。诸如居住拥挤、环境恶化、交通拥堵等，这些问题影响了人们的生活，也妨碍了资产阶级自身的利益。因此从全社会的需要出发，诞生了各种用以解决这些矛盾的理论。资本主义早期的空想社会主义者、各种社会改良主义者及一些从事城市建设的实际工作者和学者都提出了种种设想，如空想社会主义的乌托邦、康帕内拉（Tommas Campanella）的太阳城方案、罗伯特·欧文（Robert Owen）的新协和村、傅立叶（Charles Fourier）的法郎吉公社新村。

托马斯·莫尔（Thomas More）在 16 世纪时提出空想社会主义的乌托邦，首次用"羊吃人"来揭露罪恶的圈地运动,并提出了公有制,讨论了以人为本、和谐共处、婚姻自由、安乐死、尊重女权、宗教多元等与现代人生活休戚相关的问题。他开创了空想社会主义学说,成为现代社会主义思潮的来源之一。莫尔设计了由 50 个城市组成的乌托邦,城市与城市之间最远一天能到达,城市与乡村不脱离,每户有一半人在乡村工作,住满两年轮换。街道宽度为 200 英尺也就是约 60 米,实行公有制,设公共仓库、公共食堂、公共医院。乌托邦其实是想回到原本的封建自给自足的状态。

康帕内拉在太阳城方案中,提出财产为公有制,居民从事畜牧、农业、航海、防卫等。城市空间结构由七个同心圆组成。

罗伯特·欧文提出的新协和村,规划居住人口 500～1 500 人,设有公共厨房及幼儿园。住房附近有机器生产的作坊,村外有耕地及牧场。必需品由本村生产,集中于公共仓库,统一分配。1852 年他在美国印第安纳州买下了 3 万英亩土地,带了 900 名志同道合者去实现新协和村。

傅立叶的法郎吉公社新村是由 1 500～2 000 人组成的公社,公社中生产与消费相结合。1840—1846 年在美国马萨诸塞州和新泽西州建立法郎吉。

这些空想社会主义的设想和理论学说,把城市当作一个社会经济范畴,更努力为适应新的生活而改变,这显然比那些把城市和建筑停留在造型艺术的观点更为深刻。

4.3.2　田园城市

进入 19 世纪,在空想社会主义理论的基础上,城乡规划又出现了新的观点和新的思想。1898 年埃比尼泽·霍华德(Ebenezer Howard)发表《明日:一条通向真正改革的和平道路》,1902 年又以"明日的田园城市"为名再版该书。他针对当时像伦敦这样的大城市已经面临的拥挤、卫生方面的问题,提出了兼有城市和乡村优点的理想城市——田园城市。他认为,城市无限制发展与城市土地投机是资本主义城市灾难的根源,他建议限制城市的自发膨胀,并将城市土地归于城市的统一机构。霍华德的理论比傅里叶、欧文等人的空想进了一步,他把城市当作一个整体来研究,加强城乡联系,提出适应现代工业的城市规划问题,对人口密度、城市经济和城市绿化的重要性等问题都提出了见解,对城市规划学科的建立起到重要作用。今天规划界一般把霍华德的田园城市方案作为现代城市规划的开端。

从田园城市模型看,人口规模控制在 3 万人,核心城区占地 404.7 公顷,外围有 2 023.7 公顷的永久绿地,如图 4-14 所示。城市由一系列同心圆组成,有 6 条大道由圆心放射出去,如图 4-15 所示。中央是一个占地 20 公顷的花园,花园外围为市政厅、音乐厅、图书馆、剧院、医院、博物馆等。外围是一圈占地 58 公顷的中央公园,公园外围是商店、商品展览馆,再外围又是一圈花园住宅。再外围为宽 128 米的林荫道,大道当中为学校、儿童游戏场及教堂,大道外侧设一圈花园住宅。田园城市外围设置新城围绕中心城市,借助快速交通工具和铁路,只需几分钟就可到达中心城市。一般的花园城市是指在城市中增添一些花坛和绿地,而霍华德所说的 garden 是指城市周边的农田和园地,通过这些田地控制城市用地的无限扩张。

1903 年霍华德组织了"田园城市有限公司",在距伦敦东北 64 千米的地方购置土地,建立了第一座田园城市——莱彻沃斯(Letchworth),由雷蒙·恩温(Rqymond Unwen)和

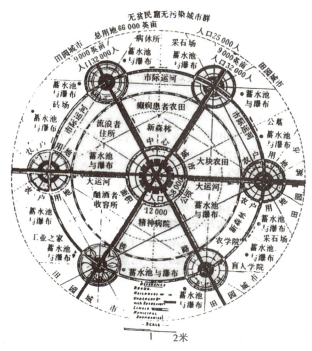

图 4-14　田园城市规划方案设想图（城市组群）

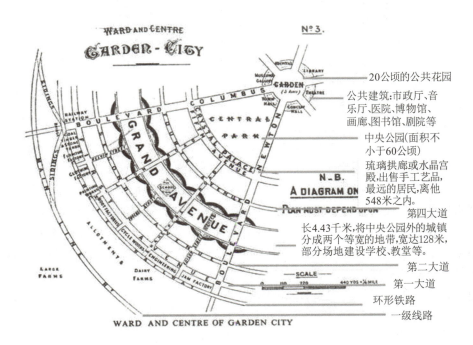

图 4-15　田园城市规划方案设想图（田园城市简图）

帕克（Richard Barry Parker）组织实施。但是到 1917 年，人口才 18 000 人，与霍华德的理想相距甚远。

4.3.3　线形城市

从核心向外扩展的传统城市形态只会导致城市拥挤和卫生恶化，在新的集约运输方式的促进下，城市将依赖交通运输线组成城市的网络。大规模发展的铁路交通，将原先空间距离遥远的城市联系起来，并加速了这些城市地区的整体发展。

西班牙工程师阿图罗·索里亚·玛塔（Arturo Soria Mata）于 1882 年提出，利用新的交通运输线——铁路贯穿整个城市，沿铁路布置长条形的建筑地带。玛塔认为线形城市只有一条宽 500 米的街区，要多长就有多长，这就是未来的城市。他认为，在线形城市规划中，城市建设的所有其他问题都必须以交通问题为前提。

从线形城市的模型上看，它是沿交通运输线布置的长条形的建筑地带（见图 4-16）。城市不再是分散在不同地区的点，而是由一条铁路和城市干道串联在一起，连绵不断。结合交通的发展，既可享受城市型的设施又不脱离自然。

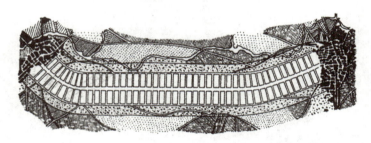

图 4-16　由索里亚等设计并建成的马德里周围的线形城市的一段

4.3.4　工业城市

1901 年法国建筑师托尼·戈涅（Tony Garnier）提出工业城市思想。他针对大工业发展的背景，为了满足现代城市布局的要求，构想了城市不同功能区块和城市组群的布置模式，考虑城市居住、工业、道路、绿化等不同功能之间的关系和布局的要求。比如距离居住区较远的地段布置对环境影响大的工业；对环境影响小的工业可布置在居住区附近；工业区应有大量绿地；居住街坊为长条形，生活服务设施与住宅相结合；满足住宅日照和通风要求，预留一定的公共绿地；城市道路划分不同红线宽度，种植行道树美化环境。戈涅关于功能分区的思想孕育了《雅典宪章》的功能分区原则。

4.3.5　城市美化运动

自 18 世纪后，中产阶级对城市绿化不足的现状不满，掀起"英国公园运动"，形成围绕城市公园布置连列式住宅的布局形式。同时针对日益加速的郊区化趋向，恢复市中心良好环境和吸引力，开展景观改造活动。这也被称为城市美化运动。丹尼尔·H. 伯纳姆（Daniel Burham）于 1909 年完成的芝加哥规划则被称为第一份城市范围的总体规划。

4.3.6　城市集中主义

面对大城市发展的现实，勒·柯布西耶（Le Corbusier）提出集中主义现代城市规划思想，反对空想社会主义和霍华德的城市分散主义思想，认同大城市和现代化的技术力量。他主张用全新的规划和建筑方式改造城市。他的关于城市规划的理论被称为"城市集中主义"。针对城市中心区人口密度过大，城市中机动交通日益发达，但是现有的城市道路系统及规划方式与这一现状产生矛盾；城市中绿地和空地太少，日照通风、游憩、运动条件太差等问题，他提出从规划着眼，以技术为手段，改善城市的有限空间，以适应这种情况。他主张提高城市中心区建筑高度，向高层发展，增加居住区人口密度；主张增加道路宽度和停车场数量，减少街道交叉口或组织分层的立体交通，提出用立体交通高效率解决中心区交通问题，自然也能增加城市中心的空地和绿地。

1922 年他发布《明日城市》规划方案，构想了一个 300 万人口的规划图（见图 4-17）。将城市总平面规划为由支线道路组成的路网系统，城市路网呈方格对称，几何形态的天际线，标准的行列式空间的城市。城市分为三区，市中心区为商业区及行政中心，全部建成 60 层的高楼，工业区与居住区有方便的联系，街道按交通性质分类。

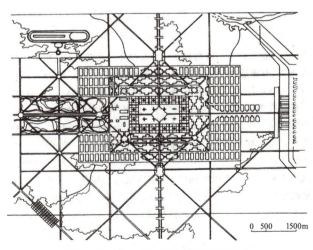

图 4-17　勒·柯布西耶的现代城市

勒·柯布西耶的思想体现在昌迪加尔新城的规划上（见图 4-18）。昌迪加尔位于印度东旁遮普邦的首府，是从平地新建的新城市。占地约 40 平方千米，规划人口规模近期为 15 万人，远期为 50 万人。昌迪加尔的总体规划贯穿了勒·柯布西耶关于城市是一个有机体的规划思想，并以"人体"为参照进行城市布局结构的规划。首府的行政中心象征城市的"大脑"，布置在山麓下全城顶端，可俯视全城。博物馆、图书馆等象征城市的"神经中枢"，位于"大脑"附近,地处风景区。全城商业中心设在作为城市纵横轴线的主干道交叉处,象征城市的"心脏"。大学区位于城市西北侧,好似"右手"。工业区位于城市东南侧,好似"左手"。城市的供水、供电、通信系统象征"血管神经系统";道路系统象征"骨架";城市的建筑群好似"肌肉";绿地系统象征城市的呼吸系统——"肺脏"。

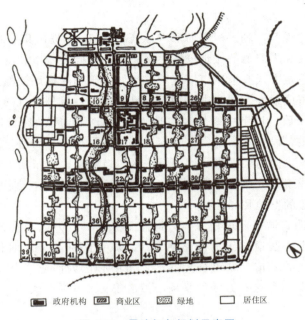

政府机构   商业区   绿地   居住区

图 4-18   昌迪加尔规划示意图

4.3.7   分散主义思想

极度分散主义规划师弗兰克·劳埃德·赖特(Frank Lloyd Wright)提出的广亩城市思想是一个与柯布西耶集中主义思想完全相反的规划思想,其不同之处主要表现在以下两个方面。一是人类的居住单元分散布置,每一户周围都有一英亩(1英亩约为 4 046.86 平方米)的土地来生产供自己消费的食物和蔬菜。二是道路系统遍布广阔的田野和乡村,以小汽车为通勤工具。美国城市在 20 世纪 60 年代后出现普遍的城市郊区化,在一定程度上也是赖特广亩城市思想的体现。赖特厌恶集中化,他认为分散居住是一种天赋人权。可以说,集中主义是强调立体竖向发展,而广亩城市是向水平方向伸展。赖特的广亩城市人口密度为平均每英亩 2.5 人,一般城市密度至少每英亩 15 人,而这种大规模的分散就是靠广泛使用现代交通工具实现的,轨道交通、直升机都出现在赖特的理想中。

广亩城市总体布局按照温度区规划,容纳约 1 400 户人家,以一亩为单位模数发展典型乡村聚落。空间结构上,形成网格状城市,城市人口密度为每公顷 6 人,人均用地 1 700 平方米,这个用地包括了大量的果园、耕地。从基本格局上看,广亩城市为分散式布局,内城以一里见方的网格式布置道路,道路间以相隔半里的间距布置次级街巷。主要道路交叉口都设有车站,路边布置商业、市场和旅馆。中心区基本上由 1～3 英亩(1 英亩＝0.405 公顷)

的独院组成；次外层主要设置私人手工业工厂、工人住宅和果园植物园；外层设置工业用地。图 4-19 所示为赖特的广亩城市构想。

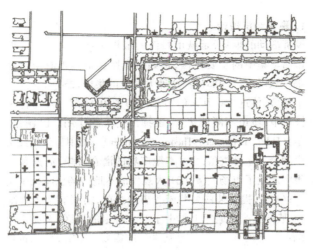

图 4-19　赖特的广亩城市构想

4.3.8　雅典宪章

1933 年，国际现代建筑协会在雅典开会，制定《雅典宪章》。《雅典宪章》提出，规划目的是维持居住、工作、游憩、交通四大功能的正常运行。居住功能上，针对人口密度过大，缺乏开敞空间及绿化；近工业区，环境不卫生；房屋沿街嘈杂，日照不良；公共服务设施不足等问题，提出居住要用最好地段，不同地段采用不同的人口密度。工作功能上，针对布局缺乏规划，与居住区距离过远，交通拥挤；工业在城郊引起城市无限制扩展，形成拥挤集中的人流交通等问题，提出有计划地确定工业与居住的关系。游憩功能上，针对大城市缺乏开敞空间，绿地面积少，位置不适中等问题，提出新建居住区多保留空地，拆除建筑后辟为绿地，降低旧区人口密度，市郊保留良好的风景地带。交通功能上，针对道路宽度不够、交叉口过多、未按功能分类等问题，提出街道以车辆行驶速度进行功能分类，宽度结合调查统计数据设置。

4.3.9　有机疏散理论

针对大城市过分膨胀所带来的各种弊病，埃列尔·沙里宁（Eliel Saarinen）在 1934 年发表《城市：它的发展、衰败和未来》，书中提出有机疏散理论。这并不是一个具体的或技术性的指导方案，而是对城市的发展所作的带有哲理性的思考。他认为城市是一个不断成长和变化的集体，城市建设是一个长期的缓慢的过程，城市规划是动态的。他用对生物和人体的认识来研究城市，认为城市是个有机集合体，由"细胞"组成。有机疏散就是把扩大的城市范围划分为不同的集中点所使用的区域；把联系城市的快车道设在带状绿地系统，高速交通集中在单独的干线上，避免穿越和干扰住宅区。城市活动分为日常活动和偶然性活动，对日常活动进行功能性的集中，对集中点进行有机疏散。他的思想可以把无序的集中变成有序的分散。

4.3.10　邻里单位理论

20世纪30年代，开始在美国，不久又在欧洲，出现一种邻里单位理论的居住区规划思想。它与过去将住宅区的结构从属于道路划分方格的那种形式不同（旧的方式，路格很小，方格内居住人口不多，难以设置足够的公共设施）。但以往机动交通不太发达，尚未表现出过大的不方便。到20世纪20年代后，城市道路上的机动交通日益增长，车祸经常发生，而且过小的路格和过多的交叉口也降低了城市道路的通行能力。同时，中心城区人口密集，房屋拥挤。在这样的背景下，邻里单位理论应运而生。邻里单位理论要求在较大的范围内统一规划居住区，使每一个邻里单位成为组成居住区的细胞。

邻里单位理论提出六大原则。第一，一个邻里单位的开发应当提供满足一所小学的服务人口所需要的住房，它的实际面积则由它的人口密度决定。第二，以城市的主要交通干道为边界，这些道路应当足够宽以满足交通通行的需要，避免汽车从邻里单位内穿越。第三，开放空间布局上应当提供小公园和娱乐空间，它们被计划用来满足特定邻里的需要。第四，机构用地布局上，学校和其他机构的服务范围应当对应于邻里单位的界限，应围绕着一个中心成组布置。第五，地方商业的布局则考虑与服务人口相适应的一个或更多的商业区布置在邻里单位的周边，最好是处于交通的交叉处或与相邻邻里的商业设施共同组成商业区。第六，内部道路系统要求每一条道路都要与可承载的交通量相适应，街道网设计要在便于单位内运行的同时又能阻止过境交通的使用。物质空间规划的思想在这一时期得到了极大的发展。

4.3.11　卫星城理论

（1）第一代卫星城。

随着时间的推移，卫星城理论和实践也在不断地更新和变化。最早提出卫星城理论的是霍华德当年的两位助手恩温和帕克对田园城市中分散主义思想的发展。1912年在《拥挤无益》中总结归纳为"卫星城"，1922年正式提出。1912年到1920年，巴黎制定了郊区居住建筑规划，在离巴黎16千米的范围内建立28座居住城市，这些城市除居住建筑外，没有生活服务设施，居民生产工作及文化生活都要去巴黎，这些城市称为"卧城"。

建筑师沙里宁主张在赫尔辛基附近建立一些半独立城镇，不同于"卧城"，除了居住建筑外，还有一定数量的工厂、企业和服务设施，使一部分居民可就地工作，另外一部分居民去主城工作。这些半独立的城镇可以称为第一代的卫星城。它在疏散大城市的人口方面并无显著效果，所以人们还需进一步探讨大城市合理的发展方式。

（2）第二代卫星城。

第二次世界大战后，城市重建规划时，郊区普遍新建了一些独立卫星城市，被称为第二代卫星城。由帕特里克·阿伯克龙比（Patrick Abercrombie）主持的大伦敦规划，主要采取在外围建设卫星城镇的方式，计划将伦敦中心区人口减少60％。这些卫星城镇独立性较强，城内有必要的生活服务设施，而且还有一定的工业，居民的工作及日常生活基本可以就地解决。第一批建造了哈罗、斯特文内奇等八个卫星城镇，吸收了伦敦市区500多家工厂和40多万居民。

（3）第三代卫星城。

第三代卫星城实际上是独立的新城，以英国在20世纪60年代建造的米尔顿·凯恩斯为代表，城镇人口规划25万人，用地面积9 000公顷。该城特点：规模大；公共交通和公共福利完善；生活接近自然；提供多种就业机会，社会就业平衡；交通便捷；机非分流。我国上海、广州在不同时期的规划中，也能看到卫星城理论的影子。

4.3.12   理性主义规划理论及其批判

1960—1970年的西方城市规划操作的指导理论可以用系统、理性和控制论三个词来概括。

刘易斯·凯博（Lewis Keeble）1952年出版《城乡规划的原则与实践》，系统论述了城市规划的理性程序，城市规划的对象还主要局限在物质方面，规划编制程序步步相扣，从现状调查、数据收集统计、方案提出与比较评价、方案选定到各工程系统规划。

与理性主义规划相辅的是20世纪60年代末70年代初，在城市规划中系统工程的导入和数理分析的大量推广。系统工程的导入把城市更多地看成一个巨型系统，而规划则更多地从运筹学和系统结构方面着手。城市规划的前期调查变得越来越严密，工作量也就越来越大，大型计算机的出现使得大量调查数据的处理成为可能。这与现在运用大数据来进行规划很相似。

这样理性的规划思想让城市规划越来越严密，但大堆复杂的数理模型对城市发展的实际意义难以被广泛理解，对城市中的社会问题关心也甚少，也忽略了对城市更为重要的宏观发展战略。

4.3.13   城市设计研究

第二次世界大战后，西方社会处在和平恢复和社会经济高速发展的背景之下，大家关心的是如何设计得更漂亮、更美观，更能让人们满足、信服，F. 吉伯德（F. Gibberd）《市镇设计》和凯文·林奇（Kevin Lynch）《城市意象》成为当时规划师、设计师的工作手册。当时的城市设计研究重点集中于城市空间景观的形态构成要素方面，比如凯文·林奇提出的空间景观五要素（界面、路径、节点、场地、地标）。城市设计研究的贡献就在于对城市设计进行了全面的理性分析，发现其中是有科学规律可循的，这不仅大大加强了对城市空间景观形象的理性认识，更重要的是把空间景观的创作过程理性化了。在经过了20世纪70年代的动荡后，80年代城市设计思想又得到了发展，确定城市设计的目标是创造和保持城市肌理，再现城市生命力。90年代以后，城市设计被看作解决城市社会问题的工具之一。

4.3.14　社会学批判、决策理论和新马克思主义

20世纪六七十年代，规划理论界开始关注规划的社会学问题。

简·雅各布斯（Jane Jacobs）在1961年发表《美国大城市的死与生》，对城市规划理论的发展具有里程碑式的意义。国土规划起初讨论的都是如何做好规划，后来简·雅各布斯开始注意到是在为谁做规划的问题，据此提出国土规划要关注城市里大面积绿地、大尺度空间和城市更新。

达维多夫（Davidoff）1965年发表的《规划中的倡导和多元主义》和1962年发表的《规划选择理论》对规划决策过程和文化模式的理论探讨，以及对规划中通过过程机制保证不同社会集团的利益尤其是弱势团体的利益的探索，都在规划理论的发展史上留下了重要的一笔。

约翰·罗尔斯1971年发表《正义论》，提出规划公正理论问题。半年后大卫·哈维（David Harvey）《社会公正与城市》则将规划社会学理论推向高潮。

曼纽尔·卡斯特（Manuel Castells）1977年发表《城市问题的马克思主义探索》，1978年发表《城市，阶级与权力》反映出20世纪60年代培养的一代马克思主义学者在规划理论界开始占据批判理论的制高点，规划理论界开始摆脱简·雅各布斯对城市表象景观的市民式抨击，进入了针对这些表象之下的社会、经济和政治制度本质的深入分析和批判。

约翰·弗里德曼（John Friedmann）1987年发表《女权主义与规划理论：认识论的联系》提出双重问题：一是性别问题相较于社会关系中的个人职业精神，更强调社会联结和竞争公平；二是女权主义方法论中强调差异性和共识性，挑战了传统规划中的客观决定论，使规划实践中的权力更加平等。

4.3.15　《马丘比丘宪章》

1977年的《马丘比丘宪章》对1933年的《雅典宪章》进行了历史性批判。结论是《雅典宪章》某些原则是对的，但也存在一定问题。比如《雅典宪章》以小汽车作为制定交通流量的依据，而《马丘比丘宪章》提出应改为使私人车辆服从公共客运系统发展；《雅典宪章》过于追求功能分区牺牲了城市的有机组织，《马丘比丘宪章》主张应努力创造综合的多功能的生活环境。

《马丘比丘宪章》首先强调人与人之间的相互关系对于城市和城市规划的重要性。该宪章提出应该以人的社会关系重构为规划新起点；认为城市是个动态系统，强调城市规划的过程性和动态性，强调城市规划应该有公众参与。

4.3.16　可持续发展的规划思想

从环境保护到可持续发展的规划思想，是我们现阶段需要坚持的规划价值观。20世纪70年代初爆发的石油危机，使保护环境逐步成为城乡规划界的思想共识，相应地，城乡规划中增加环境保护规划部分，建设项目也需进行环境影响评价。80年代，环境保护思想演

变为可持续发展思想。1992 年，第二次联合国环境与发展大会通过《里约环境与发展宣言》和《21 世纪议程》，正式确立可持续发展是当代人类发展的主题。

在这样的背景下，生态城市、韧性城市、海绵城市、气候适应型城市等理念不断地更新和完善。

任务 4.4　城乡规划发展与变革

4.4.1　城市发展趋势

（1）城市全球化。

资本和劳动力全球性流动、产业的全球性迁移、经济活动中心的全球性集聚，促使全球城市体系多极化，中心城市将更加发展，以实现其对全球经济的控制和运作。全球城市形成世界级城市—跨国级城市—国家级城市—区域级城市—地方级城市这样一个体系。在这样一个体系当中，决定城市地位与作用的因素不仅包括其规模和经济功能，还包括其作为复合网络节点的作用。代表作有约翰·弗里德曼组织的世界大都市比较——《世界城的假想》。

（2）区域一体化。

世界范围的城市更新，城市用地和建筑功能得以改变和改造，如仓库变为购物中心，码头改为娱乐中心。城市和城市的发展竞争进入了更高的区域层次，没有一个城市可以独立于周边的乡镇而提升其发展的持续性。区域城镇群的发展已经成为一个国家实现可持续发展战略、提升民族竞争力和达到区域和谐发展的重要突破点。

（3）信息网络化。

交通与通信的进步，使得城镇在地理上分散成为可能，因而可以更接近自然，但也会对环境造成新的损害。工业革命使人们向城市集聚而远离大自然，从郊外到市中心工作；信息革命使人们居住和工作空间扩散并亲近大自然，在郊外工作而到市中心娱乐、消费、社交。

（4）全球城镇化。

全球城镇化率从 1800 年的约 5.1% 发展到 2018 年的 55%。发达国家大致在 20 世纪 70 年代完成了城镇化进程，步入后城镇化阶段，面临大量城市更新任务。中国的城镇化率也从 1980 年的 19.39% 提高到 2019 年的 60%，正积极探索更为合理的城镇化道路。

4.4.2　城乡规划思想方法变革

城乡规划从思想方法上应遵循这四个方面的改变：一是由单向的封闭型思想方法转向复合开放型的思想方法；二是由最终理想状态的静态思想方法转向过程导控的动态思想方法；三是由刚性规划的思想方法转向弹性规划的思想方法；四是由指令性的思想方法转向引导性的思想方法。

在工作方法上需要重视分析的广泛性、论证的严谨性和成果的弹性。在规划工作中要注意两个方面，一是专业更复合，要由各方技术力量共同研究分析、合作完成；二是要进行规划编制审批的改革。

✍ **思考题**

1. 中国古代城乡规划思想体现在哪些方面？

2. 古希腊希波丹姆模式、古罗马营寨城有什么特征？

3. 空想社会主义的乌托邦、康帕内拉的太阳城方案、罗伯特·欧文的新协和村、傅里叶的法郎吉公社新村都是怎样产生的，有何意义？

4. 比较田园城市理论和明日城市理论的异同。

5. 近现代规划史上的三个宪章，在理论上体现了怎样的传承和发展？

项目 5　国土空间规划基础理论

项目概述

本项目旨在使同学对国土空间规划有一个整体的认识。了解什么是国土空间，什么是国土空间规划，通过讲解为什么要建立国土空间规划，理解国土空间规划编制的意义。最后通过介绍国土空间规划的总体框架，深入讲解各类规划编制内容。

各类空间规划的发展变化促使国土空间规划诞生，要注意理解国土空间规划产生的原因和时代背景。

学习目标

知识目标：①掌握国土空间、国土空间规划的定义；②掌握国土空间规划框架体系；③理解国土空间规划编制的意义；④了解国土空间规划编制的内容。

素养目标：①明确国土空间规划的框架和内容，能理解土地整治、生态修复、资源保护与利用等相关政策；②能进行规划区域的基础条件和约束条件分析。

关键内容

重点：①国土空间规划编制的意义；②国土空间规划的框架。

难点：①国土空间规划产生的原因；②国土空间规划与城乡规划编制体系的区别。

思政园地

合理布局　规划先行

城市规划在城市发展中起着战略引领和刚性控制的重要作用，做好规划是任何一个城市发展的首要任务。习近平要求，把握好战略定位、空间格局、要素配置，坚持城乡统筹，落实"多规合一"形成一本规划、一张蓝图，着力提升首都核心功能，做到服务保障能力同城市战略定位相适应，人口资源环境同城市战略定位相协调，城市布局同城市战略定位相一致，不断朝着建设国际一流的和谐宜居之都的目标前进。2013 年 12 月，中央城镇化工作会议就阐明了城市规划要保持连续性，"不能政府一换届，规划就换届。编制空间规划和城市规划要多听取群众意见、尊重专家意见，形成后要通过立法形式确定下来，使之具有法律权威性"。

耕地保护与粮食安全

2023 年中央一号文件提出"加强耕地保护和用途管控"，首次明确将耕地用途管控项目细化到种植用途，这为落实最严格的耕地保护制度提供了新指引，与之相关联的是，近年来，国务院办公厅以及自然资源部会同多部门连续发布多份重要文件，为耕地保护制度注入耕地用途管控的内涵。耕地保护"零容忍"，红线踩不得，底线要守牢。2021 年 11 月，《自然资源部　农业农村部　国家林业和草原局关于严格耕地用途管制有关问题的通知》针对永久基本农田提出如下内容：

（1）严禁占用永久基本农田发展林果业和挖塘养鱼；

（2）严禁占用永久基本农田种植苗木、草皮等用于绿化装饰以及其他破坏耕作层的植物；

（3）严禁占用永久基本农田挖湖造景、建设绿化带；

（4）严禁新增占用永久基本农田建设畜禽养殖设施、水产养殖设施和破坏耕作层的种植业设施。

明确严格耕地用途管制，具体内容如下：

（1）不得在一般耕地上挖湖造景、种植草皮；

（2）不得在国家批准的生态退耕规划和计划外擅自扩大退耕还林还草还湿还湖规模；

（3）不得违规超标准在铁路、公路等用地红线外，以及河渠两侧、水库周边占用一般耕地种树建设绿化带；

（4）未经批准不得占用一般耕地实施国土绿化；

（5）未经批准，工商企业等社会资本不得将通过流转获得土地经营权的一般耕地转为林地、园地等其他农用地。

2020 年 9 月，《国务院办公厅关于坚决制止耕地"非农化"行为的通知》，围绕耕地保护提出以下内容：

（1）严禁违规占用耕地绿化造林；

（2）严禁超标准建设绿色通道；

（3）严禁违规占用耕地挖湖造景；

（4）严禁占用永久基本农田扩大自然保护地；

（5）严禁违规占用耕地从事非农建设；

（6）严禁违法违规批地用地。

2020 年 7 月，《自然资源部　农业农村部关于农村乱占耕地建房"八不准"的通知》，围绕农村乱占耕地建房提出"八不准"：不准占用永久基本农田建房；不准强占多占耕地建房；不准买卖、流转耕地违法建房；不准在承包耕地上违法建房；不准巧立名目违法占用耕地建房；不准违反"一户一宅"规定占用耕地建房；不准非法出售占用耕地建的房屋；不准违法审批占用耕地建房。

近年来的中央一号文件对土地管理特别是耕地保护工作均做出了明确要求，从 2021 年明确"坚决守住 18 亿亩耕地红线"到 2022 年提出"落实'长牙齿'的耕地保护硬措施"，再到 2023 年要求"加强耕地保护和用途管控"，中央一号文件中关于耕地保护的要求越来越高，耕地保护的措施越来越严。

任务 5.1　国土空间规划历史沿革

国土空间规划融合了原有的土地利用规划、城乡规划、主体功能区规划、生态空间类规划、国土规划等空间规划，接下来分别叙述它们各自的发展历程。

5.1.1　土地利用规划

国家的建设、生产、生活都离不开土地，中华人民共和国成立后，为了扩大耕地面积，有效利用荒地资源，1954 年从苏联引进技术和人才，开展土地规划和开荒建农场的工作。20 世纪 60 年代"文化大革命"期间，土地规划陷入停滞；70 年代根据"农业学大寨"的需要，开展"人民公社"土地规划，重点是对山、水、林、田、路进行综合改造；改革开放后，土地规划的重点从工程技术转向经济管理，土地利用总体规划逐步取代传统工程设计，1992 年前后，全国大多数地方完成了第一轮省市县乡级土地利用总体规划。之后由于保护耕地、维持耕地总量动态平衡、土地用途管制、土地供给引导需求、集约用地等理念的深入贯彻，我国启动第一轮土地利用总体规划修编工作，2000 年底，第二轮全国土地利用总体规划修编基本完成。随着我国城市化、工业化进程的加快，人地矛盾不断加剧，产业结构调整和生态环境建设也对土地资源管理提出了新的挑战，2005 年第三轮全国土地利用总体规划修编正式启动，2008 年国务院通过《全国土地利用总体规划纲要（2006—2020 年）》。

5.1.2　城乡规划

新中国成立后，除了农业要发展，城市建设也需要推进，于是各个城市相继设立城市建设管理机构，成立建设委员会，根据工业布局，有重点地建设城市。1954—1957 年，国家先后批准 15 个城市的总体规划和详细规划，这个时期主要借鉴苏联的规划理论与模式；"文化大革命"期间，各地撤销城市规划机构，城市规划工作陷入停滞；改革开放后，引入市场经济，城市规划逐渐转变为引领发展的工具。1994 年，我国开始实施《中华人民共和国城市规划法》，这一阶段的城市规划引入西方理论、数学建模、计量方法和计算机技术，规划的科学化、系统化和规范化程度大幅提升；2008 年实施《中华人民共和国城乡规划法》，规划覆盖范围由城市扩展到城乡，规划属性从工程技术向公共政策转变；十八大以来中央提出深化改革、美丽发展、创新发展等一系列新目标和新发展理念，城乡规划成为实现多元协调发展的重要公共政策，是国家治理体系和治理能力现代化的组成部分。这一时期的城乡规划强调生态优先，注重管控，强调集约化、内涵式、高质量发展方式。

5.1.3　主体功能区规划

主体功能区规划由国家发展改革部门组织编制。1958 年我国设立七大经济协作区，以大城市为中心带动周围地区发展；1986 年"七五"计划提出逐步构建以大城市为核心、交通要道为纽带，层次分明、规模不等、各有特色的经济区网络；1990 年"八五"计划进一步深化已有经济区的规划，提出能源基地、沿海地区等概念；1996 年"九五"计划提出跨省区市的经济区域概念；2000 年"十五"计划按照西部、中部、东部的顺序对各地区功能和定位进行规划；2005 年"十一五"计划提出"形成区域间相互促进、优势互补的互动机制"，以促进区域协调发展；2010 年国务院正式印发《全国主体功能区规划——构建高效、协调、可持续的国土空间开发格局》。

5.1.4 生态空间类规划

生态空间类规划起步较晚，20 世纪 80 年代才开始出现，当时只是以绿化建设项目的空间布局为主，局限于城市近郊区的规划，如《北京市绿地系统规划（1983 年）》；90 年代后，大家开始关注城市整体的绿化水平，出现市域层面绿地系统规划的专门章节，相关的内容通常纳入同期城市总体规划中，少有独立的规划编制，规划深度多止于市域层面的布局结构和概括性指标；21 世纪初至 2010 年前后，随着国家对生态文明建设的重视程度日益提升，生态空间类规划取得较大发展，地方规划中开始出现单独编制的生态空间类规划，如《上海市基本生态网络规划》《武汉市全域生态空间管控行动规划》；2010 年至今，生态空间类规划取得进一步发展，很多达到定线深度，形成了实施层面的分区。分类规划控制要求，并制定了与之匹配的实施政策法规，如《深圳市基本生态控制线划定和城市绿线规划》。

5.1.5 国土规划

国土规划相对于土地利用规划和城乡规划起步较晚，20 世纪 80 年代初才首次明确将国土整治和国土规划作为一项完整的工作。其内容包含四个开发（土地开发、地区开发、大河流开发和综合开发）、一个利用（土地利用）、一个整治（环境整治）、两个要搞（出台规划和立法）。在明确工作后，1982—1984 年开展了 20 多个城市国土规划试点。1989 年全国性的国土规划纲要基本完成，但由于缺乏法律保障，这些国土规划的权威性和约束力不足，被束之高阁，未发挥作用。在 1998 年机构改革后，国土规划职能划归国土资源部。2001 年新一轮国土规划拉开序幕，各地开始试点。2009 年再次启动区域性国土规划编制工作。2017 年正式颁布《全国国土规划纲要（2016—2030 年）》。

5.1.6 国土空间规划的由来

我们可以发现，前面讲到的规划很多是 1949 年后就开展的，启动晚的大概在 20 世纪 80 年代也开始了，而国土空间规划是个新名词。这是因为前面讲到的城乡规划、土地利用规划、主体功能区规划等空间规划在积极拓展内容和范围，但也导致各个规划自成体系，规划期限、边界差异较大甚至矛盾。为解决这一问题，2002 年国家发展和改革委员会在《关于规划体制改革若干问题的意见》中提出将城乡、土地、水利、交通、环境、公共服务等纳入统一规划。2003 年就开始了"多规合一"的探索。经过多年探索，直到 2014 年国家发展和改革委、国土资源部、环境保护部和住房城乡建设部联合下发《关于开展市县"多规合一"试点工作的通知》。2018 年国务院机构改革，颁布《关于统一规划体系更好发挥国家发展规划战略导向作用的意见》，提出建立以国家发展规划为统领，以空间规划为基础，以专项规划、区域规划为支撑，由国家、省、市县各级规划共同组成，定位准确、边界清晰、功能互补、统一衔接的国家规划体系。2019 年中共中央、国务院颁布《关于建立国土空间规划体系并监督实施的若干意见》，国土空间规划"一张图"正式拉开序幕。

任务 5.2　国土空间规划概述

5.2.1　国土空间的定义

国土空间可以拆分成空间和国土两个名词。空间是运动物质的基本属性，由长度、宽度和高度表现出来。现代空间是一个多层次结构的复合体，涉及物质、经济、社会、文化等多个维度。国土具有一定地域范围，是一种空间现象，指国家领土，即主权国家管辖的区域。同时，它是国家的物质基础，是定居在其上的人民生存和发展的自然基础。

国土空间是指国家主权与主权权利管辖下的地域空间，是国民生存的场所和环境，包括陆地、陆上水域、内水、领海、领空等。从空间尺度看，国土空间既可以是全国的，也可以是区域性的。国土空间具有载体属性、资源属性、生态属性和文化属性。载体属性表现为国土空间为人们的生存、生活和生产提供场所。资源属性表现为国土空间蕴含丰富的物质和能源，可以为人类利用。生态属性表现为国土空间容纳了各类生态环境要素，包括动物、植物、微生物、土地、矿物、海洋、河流、阳光、大气、水分等天然物质要素，以及建筑和各类设施等人工物质要素。随着科技进步和社会经济发展，人们越发重视对国土空间进行综合性开发利用，例如对旅游区可以从文化休闲、风景游览、生态保育等角度进行系统、综合的开发。

5.2.2　国土空间规划的定义

国土空间规划成果是国家空间发展的指南、可持续发展的空间蓝图，是各类开发保护建设活动的基本依据。建立国土空间规划体系并监督实施，实现"多规合一"，强化国土空间规划对各专项规划的指导约束作用，是党中央、国务院做出的重大战略部署。简单定义国土空间规划，可以理解为它是指在一定的社会经济发展阶段，为统筹国家的人口-资源-环境、经济-社会-生态的关系，促进国土均衡发展，而采取的措施。

国土空间规划作为国家治理工具，就应该以习近平新时代中国特色社会主义思想为指导，全面贯彻党的二十大精神，紧紧围绕统筹推进"五位一体"总体布局和协调推进"四个全面"战略布局。坚持新发展理念，坚持以人民为中心，坚持一切从实际出发，按照高质量发展要求，做好国土空间规划顶层设计。

在这个体系建立过程中，我们可以分为三个目标：一是 2020 年基本建立国土空间体系，各个省市都已经按照国土空间规划的要求开展了规划编制；二是 2025 年要健全法规政策和技术标准体系，全面实施国土空间监测预警和绩效考核机制，形成国土空间开发保护制度；

三是 2035 年达到全面提升国土空间治理体系和治理能力现代化水平的目标。

5.2.3　国土空间规划编制的意义

建立国土空间规划主要围绕三大核心问题：一是解决现实矛盾，比如规划类型过多、内容重叠冲突、审批流程复杂、周期过长，地方规划朝令夕改等；二是满足建设生态文明的需要，谋划新时代国土空间开发保护格局，加快建设美丽中国；三是以人民为中心，促进实现高质量发展和高品质生活、建设美好家园，促进实现"两个一百年"奋斗目标和中华民族伟大复兴的中国梦。

5.2.4　国土空间规划框架

国土空间规划的总体框架可以归纳为"五级三类"（前文已涉及，这里不再赘述）和"四体系"（分别是编制审批体系、实施监督体系、政策法规体系和技术标准体系）。

编制审批体系强调国土空间规划的编制要着重体现战略性、提高科学性、加强协调性和注重操作性。审批上与原城乡规划审批体系基本一致。

实施监督体系强化规划的权威性，强调改进规划审批制度、健全用途管理制度，监督规划实施，推进"放管服"改革。

政策法规体系主要是研究制定国土空间开发保护法，加快国土空间规划相关法律法规建设。梳理与国土空间规划相关的现行法律法规和部门规章，对"多规合一"改革涉及突破现行法律法规的内容和条款，按程序报批，取得授权后施行，并做好过渡时期的法律法规衔接。

技术标准体系的主要内容是完善技术标准体系，包括修订完善国土资源现状调查和国土空间规划用地分类标准，制定各级各类国土空间规划编制办法和技术规程。除此以外，还需要完善国土空间基础信息平台，采用国家统一的测绘基准和测绘系统，整合各类空间关联数据，建立全国统一的国土空间基础信息平台。

5.2.5　国土空间规划的内容

不同类型、不同层次的国土空间规划的范围、任务不同，规划内容、深度、重点也不尽相同，但一般包括以下内容。

（1）规划区域的基础条件和约束条件。

明确规划区域的基础条件和约束条件，是开展国土空间规划的基础和前提。规划区域的基础条件和约束条件分析包括对规划区域的自然、经济、历史文化条件进行分析，对现有各类空间规划的实施情况进行评价，对资源环境承载能力和国土空间开发适宜性进行评价等。

（2）规划目标和战略。

国土空间规划的目标是通过规划实施所要达到的国土空间开发和保护的状态。国土空间规划的战略是实现国土空间开发和保护目标的全局性谋划。国土空间规划的目标涉及经济发展、产业结构优化、区域协调、城乡统筹、粮食安全、资源开发和生态保护等。

（3）国土空间要素布局。

国土空间要素布局是根据国土空间规划的目标、战略、基础条件和约束条件，对国土空间要素进行空间配置和调整优化，确立国土空间保护、开发、利用、修复的总体格局，明确各类国土空间的发展趋势、约束指标和刚性管控要求。在国土空间分区和用途管制的基础上，坚持最严格的生态环保、资源节约和耕地保护制度，统筹经济发展和环境保护；优化产业布局，促进绿色生产生活方式的形成；优化公共基础设施网络，对通信、交通、能源、水利、教育、医疗、文化、体育、养老等公共服务设施的空间布局进行统筹安排，促进基本公共服务均等化，缩小城乡区域发展差距；彰显地域文化特色，提出历史文化遗产保护底线和休闲空间规划，保护和活化区域历史文化遗产。

（4）国土综合整治与生态修复。

国土综合整治与生态修复通过对山水林田湖草沙的综合整治，促进生产、生活、生态用地空间布局优化。国土综合整治与生态修复涉及国土空间的生态保护修复、国土空间综合整治、建设用地存量更新、土地复垦等内容。国土空间规划应明确规划区域综合整治与生态修复的范围与目标、重点工程的空间布局和时间安排，结合建设用地增减挂钩、耕地占补平衡制度，引导城市更新、乡村整治和生态环境修复。

（5）规划实施保障。

依托国土空间基础信息平台，建立健全国土空间规划管控制度，分级建立国土空间规划审查备案制度，健全资源环境承载力监测预警长效机制，建立国土空间规划定期评估制度。上位规划要建立国土空间管控体系，明确国土空间管控规划，提出对下位规划的要求，构建规划保障体系。下位规划应从组织领导、项目管理、监督奖惩、宣传教育等方面提供规划实施保障。

任务 5.3　国土空间规划用地用海分类

在"多规合一"改革前，我国各相关职能部门在各自业务领域对用地用海分类都有各自的标准和实践基础。城乡规划领域有《城市用地分类与规划建设用地标准》，土地管理部门有《土地利用现状分类》，海洋管理部门有《海域使用分类》等国家标准或行业标准。由于各分类的管理目标不同、标准内涵不一、名词术语不同，空间规划矛盾突出。

为切实履行统一行使全民所有自然资源资产所有者职责和统一行使国土空间用途管制和生态保护修复职责，加快建立自然资源统一调查监测评价和确权登记制度，建立"多规合一"的国土空间规划体系并监督实施，自然资源部按照机构改革的新要求，在认真总结有关分类标准实施情况、充分汲取地方实践经验、广泛征求和听取有关部委、专家意见的基础上，研究制定了《国土空间调查、规划、用途管制用地用海分类指南（试行）》（简称《分类指南》），于 2020 年 11 月发布试行，并于 2C23 年 11 月正式施行。《分类指南》整合了原《土地利用现状分类》《城市用地分类与规划建设用地标准》和《海域使用分类》等分类标准，建立了全国统一的国土空间用地用海分类，为科学规划和统一管理自然资源、合理利用和保护自然资源、加快构建国土空间开发保护新格局奠定了重要基础。

5.3.1　编制目的

为实施全国自然资源统一管理，科学划分国土空间用地用海类型，明确各类型含义，统一国土调查、统计和规划分类标准，合理利用和保护自然资源，统一国家用地用海分类标准制定本《分类指南》。

本《分类指南》适用于国土调查、监测、统计、评价，国土空间规划、用途管制、耕地保护、生态修复，土地审批、供应、整治、执法、登记及信息化管理等自然资源管理的全过程各环节工作，体现全生命周期的管理理念。

5.3.2　分类原则

国土资源的分类原则如下所述。

（1）依据国土空间的主要配置利用方式、经营特点和覆盖特征等因素，对国土空间用地用海类型进行归纳、划分，反映国土空间利用的基本功能，满足自然资源管理需要。

（2）用地用海分类设置不重不漏。当用地用海具备多种用途时，应以其主要功能进行归类。

5.3.3　用地用海分类

具体内容上，用地用海分类采用三级分类体系，共设置24种一级类、106种二级类及39种三级类。

一级类中的耕地、园地、林地、草地、湿地主要衔接《土地利用现状分类》，并结合第三次全国国土调查的最新成果，对含义进行修改完善。同时将湿地正式纳入用地用海分类，体现生态空间保护和治理的重要性。这几类用地只分至二级类，可在使用中根据实际需要进一步展开细分。农业设施建设用地为本次新增地类。为适应农业农村发展新趋势、新特点，将破坏耕作层的农业设施建设用地单设一类，切实防止耕地非农化、非粮化。对乡村工业、仓储、商业，以及公用设施和公共服务设施等用地，不单独设立农村用地类，统一使用相应的建设用地分类，以体现城乡统筹发展。

一级类中的居住用地、公共管理与公共服务用地、商业服务业用地、工矿用地、仓储用地、交通运输用地、公用设施用地、绿地与开敞空间用地、特殊用地、交通运输用地，主要衔接《城市用地分类与规划建设用地标准》。遵循城乡统筹原则，回归城乡贯通的基本功能属性，采用城乡贯通的分类方法，将城市、镇、乡村中相同功能和用途的建设用地归入同种类别；并且根据新的情况和管理需求，对部分用地分类设置和含义进行调整。另外，为应对城市未来发展的不确定性，针对国土空间规划确定的城镇、村庄范围内暂未明确规划用途、规划期内不开发或特定条件下开发的用地，增设1个一级类"留白用地"，增加规划的弹性。

一级类中的陆地水域主要衔接《土地利用现状分类》并完善其含义。另外，渔业用海、工矿通信用海、交通运输用海、游憩用海、特殊用海、其他土地、其他海域，主要衔接《海域使用分类》，并结合海洋功能区划，为用海用岛管理搭建了统一的总体框架和分类基础。

5.3.4   用地用海分类指南的主要特点与变化

（1）全过程的统一：适用于自然资源管理全过程各环节。

（2）遵循陆海统筹的原则：在分类体系设置上将用海与用地分类作为整体考虑，实现国土空间的全域全要素覆盖。

（3）新特色：体现经济社会高质量发展的新需要：对建设用地类型的细分原则进行调整，以满足新时期差异化与精细化管理需求；鼓励和促进空间的复合利用，节约集约利用国土空间资源；为地方制定差别化细则留有空间。

思考题

1. 简述国土空间的定义。
2. 为什么要建立国土空间规划体系，有何目的与意义？
3. 国土空间规划的总体框架是什么？

项目 6　国土空间总体规划

项目概述

　　本项目旨在使同学对国土空间总体规划有一个整体的认识，包括：理解国土空间总体规划的概念、特性和目标；掌握国土空间总体规划编制的原则、内容和编制程序。最后结合广东省国土空间总体规划和南雄市国土空间总体规划进行讲解，具体分析每项内容的编制深度。

学习目标

　　知识目标：①理解国土空间总体规划的概念、特性和目标；②掌握国土空间总体规划编制的原则；③掌握国土空间总体规划编制内容和编制程序；④熟悉"三区三线"的划定；⑤掌握城市性质、城市职能等专有名词的定义；⑥熟悉城市发展方向、城市形态的确定；⑦熟悉城乡用地构成和标准；⑧能进行城乡用地适用性评定。

　　素养目标：①明确各类指标和各类控制线确定的原则；②能进行各级国土空间总体规划方案的评析。

关键内容

　　重点：①国土空间总体规划编制内容；②城乡用地适用性评定。

　　难点：①对各级国土空间总体规划方案的评析；②城市发展战略中城市性质和发展目标的确定。

思政园地

节约集约利用土地

　　贯彻十分珍惜、合理利用土地和切实保护耕地的基本国策，落实最严格的耕地保护制度和最严格的节约集约用地制度，提升土地资源对经济社会发展的承载能力，促进生态文明建设。

　　节约集约利用土地，是指通过规模引导、布局优化、标准控制、市场配置、盘活利用等手段，达到节约土地、减量用地、提升用地强度、促进低效废弃地再利用、优化土地利用结构和布局、提高土地利用效率的各项行为与活动。

　　（1）坚持节约优先的原则，各项建设少占地、不占或者少占耕地，珍惜和合理利用每一寸土地。

　　（2）坚持合理使用的原则，严控总量、盘活存量、优化结构、提高效率。

（3）坚持市场配置的原则，妥善处理好政府与市场的关系，充分发挥市场在土地资源配置中的决定性作用。

（4）坚持改革创新的原则，探索土地管理新机制，创新节约集约用地新模式。

任务 6.1 国土空间总体规划概述

6.1.1 国土空间总体规划的概念

国土空间总体规划是对乡镇及以上一定行政区域范围内国土空间保护、开发、利用、修复做出的总体部署与统筹安排。国土空间保护是对承担生态安全、粮食安全、资源安全等国家安全的地域空间进行管护的活动。国土空间开发是以城镇建设、农业生产和工业生产为主的国土空间开发活动。国土空间利用是根据国土空间特点开展的长期性或周期性使用和管理活动。国土空间修复是针对山水林田湖草海系统修复，结合各区域的生态系统特征和国家重大战略要求，提出保护和修复重大行动重点区域。

6.1.2 国土空间总体规划的特性

国土空间总体规划作为国家治理体系和治理能力现代化的重要组成部分，具有以下基本特性。

1. 战略性

国土空间总体规划在宏观上是一种政策指南，是一种战略部署。其战略性表现在它对所研究的问题具有战略意义上。要体现国土空间规划在空间开发保护方面的战略引领地位，各级国土空间总体规划编制要按照生态文明建设和中华民族永续发展的要求，对空间开发保护做出战略性系统性长远安排，强调底线约束，探索以生态优先、绿色发展为导向的高质量发展新路子。

2. 综合性

国土空间总体规划的综合性具体表现在以下几个方面。

从规划的对象上看，国土空间总体规划针对的是规划区域内的全部国土空间要素，而不是某一类土地或某一局部土地。

从规划内容上看，总体规划对国土空间要素的开发、利用和保护，要同时结合时间结构、空间结构和产业结构进行统筹安排、全面考虑；综合各部门对国土空间要素的需求，调整用地结构和布局，使国土空间要素利用符合国民经济、社会发展和环境保护的需要，以促进国民经济持续、稳定、健康发展。

从规划的目标上看，国土空间总体规划强调的是综合效益的最大化，即兼顾经济、生态、社会效益的高度统一，同时正确处理局部利益和整体利益、近期利益和长远利益的关系，最终实现国土空间要素的可持续发展。

从规划的协调范围上看，它平衡协调国民经济各部门的自然资源配置关系，而不是某一部门内的自然资源使用。

3. 公共政策导向性

国土空间总体规划无论是在哪种体制内都由各级政府或者社会公共机构组织管理，公众借用网络、电视、广播等媒体平台参与。在规划中，解决区域发展的公共问题始终是国土空间总体规划的立足点。应以通过公共政策形成的公共目标为制定国土空间总体规划行动计划的指南，协调经济、社会、文化和环境的发展，从而最大限度地保障公众利益的实现和维护。

4. 长期性

国土空间总体规划是我国规划体系的重要组成部分，其规划期限应与国家发展规划相适应，它必须对与国土空间利用有关的重要经济活动的长期变化趋势（如人口变化、城镇化、工业化、农业现代化、旅游事业的发展等）做出预测，进而制定长远的国土空间总体规划。一般来说，国土空间总体规划目标年为 10 年，近期目标年为 5 年，远景展望为 30 年。为了便于规划的实施，其规划目标必须通过制定阶段性目标来落实，重点是确定 5 年的近期规划目标。

5. 指导性

国土空间总体规划综合考虑人口分布、经济布局、国土利用、生态环境保护等因素，科学布局生产空间、生活空间、生态空间，形成绿色生产方式和生活方式，推进生态文明建设，是国家空间发展的指南、可持续发展的空间蓝图，是各类开发保护建设活动的基本依据，具有重大的战略部署指导作用。

6.1.3　国土空间总体规划的目标

国土空间规划体系是促进生态文明建设的规划体系，体现了生态优先、绿色发展的导向。国土空间总体规划目标主要包括以下几个方面。

（1）坚持习近平生态文明思想，统筹全域的国土空间开发与保护。落实党中央确定的习近平生态文明思想，坚持节约优先、保护优先、自然恢复为主的方针，在自然资源环境承载力和国土空间开发适宜性评价的基础上，强化底线约束，推动经济高质量发展。坚持山水林田湖草是一个生命共同体理念；统筹陆海、城乡空间以及流域上下游；明确生态修复的目标任务、重点区域和重大工程，系统研究解决部分地区河流水污染严重的问题，实现国土空间生态整体保护、系统修复和综合治理。

（2）优化国土空间布局、结构调整及自然资源配置，重点研究解决旧城发展空间不足、新城发展动力不足、工业园区发展配套不足、现代服务业发展空间布局矛盾、生态资源保护不力和城镇空间不紧凑等突出问题，提高发展的平衡性和协调性。突破行政区划局限，明确以主体功能区战略为主导的区域发展新战略，制定差异化、精细化的区域空间政策，科学有序布局生态、农业、城镇等功能空间。

（3）坚持以人为本的发展思想。围绕人民需要的高品质国土空间，注重人居环境改善，重视历史文化保护与传承。加快推进城市更新，提升城市特色与空间品质，坚持民生福祉优先，着力完善各类基础设施和基本公共服务设施，指导加快村庄规划编制，助推解决个人建房无序、村居环境脏乱差等问题。坚持历史文化和特色风貌保护，研究不同区域不同尺度景观风貌规划建议和管控要求，延续历史文脉，加强风貌管控，突出地域特色，支撑美丽乡村建设。

（4）推动国土空间治理和治理能力现代化。强化规划权威性，实现"多规合一"，有效解决以往各规划科学性不强、衔接不够、执行刚性约束不足等问题。形成国土空间规划体系，加强国土空间开发保护"一张图"，统筹和平衡各相关专项领域的空间需求。加快构建以国土空间总体规划为基础，以统一用途管制为手段的国土空间开发保护制度，依托国土空间基础信息平台实施国土空间监测预警和绩效考核机制，明确向乡镇国土空间总体规划传导的主要管控要求，全面提升国土空间治理和治理能力现代化水平。

（5）落实"三区三线"，守住耕地红线，确保基本农田数量不减少、质量有提高。控制建设用地扩张，闲置和低效建设用地得以充分利用，建设用地空间不盲目扩张，节约集约用地水平不断提高，保障科学发展建设用地空间，开展合理的国土空间开发、整理、复垦。

任务 6.2　国土空间总体规划编制

6.2.1　国土空间总体规划编制原则

依据我国的基本国情和国家对国土空间要素利用规划工作提出的要求，现阶段国土空间总体规划的编制工作应遵循以下原则：

1. 生态优先、绿色发展

践行"绿水青山就是金山银山"的理念，坚持节约资源和保护环境的基本国策，落实最严格的生态环境保护制度、耕地保护制度和节约用地制度，严守生态、粮食、能源资源等安全底线。坚持人与自然和谐共生，积极协调人、地、产、城、乡关系，优化国土空间开发保护格局，推动形成绿色发展方式和生活方式。

2. 以人为本、高质量发展

以人民对美好生活的向往为目标，坚持增进人民福祉，改善人居环境，提升国土空间品质。建设美丽国土，促进形成生产、生活、生态相协调的空间格局，实现高质量发展，满足高品质生活。

3. 区域协调、融合发展

落实主体功能区等国家重大战略，推动国家区域协调发展战略在省域协同实施。完善统筹协调机制，协调解决国土空间矛盾冲突。加强陆海统筹，促进城乡融合。形成主体功能约束有效、国土开发有序的空间发展格局。

4. 因地制宜、特色发展

立足地区的资源禀赋、发展阶段、重点问题和治理需求，尊重客观规律，体现地方特色，发挥比较优势，确定规划目标、策略、任务和行动，走合理分工、优化发展的路子。

5. 数据驱动、创新发展

收集整合覆盖陆海全域、涵盖各类空间资源的基础数据，利用大数据等技术手段分析研判，夯实规划基础。打造国土空间基础信息平台，实现互联互通，为国土空间总体规划"一张图"提供支撑。

6. 共建共治、共享发展

加强社会协同和公众参与，充分听取公众意见，发挥专家作用，实现共商共治，让规划编制成为凝聚社会共识的平台。发挥市场配置和政府引导作用，推进空间治理体系和治理能力现代化，实现经济效益、社会效益、环境效益相统一，使发展成果更多更公平惠及全体人民。

6.2.2 国土空间总体规划编制内容

国土空间总体规划的核心内容就是研究如何实现社会经济发展对国土空间要素数量、质量、结构和布局方面的供需平衡，以保证自然资源的可持续利用和社会经济的可持续发展。市县级规划处于国土空间规划的中间层级，承担着落实上级规划要求、指导下级规划编制的主要职能。市县级国土空间总体规划按市县行政范围，由市县人民政府组织编制，其中，设区市规划的重点为市辖区范围，要划分市辖区范围内下级规划实施单元。一般市县国土空间总体规划方案应包含以下内容。

1. 基础分析与评价

1) 现状分析、问题识别与形势研判

分析区域内土地、水、矿产、森林、草原、岸线、海洋等资源开发利用的数量、质量、结构、空间布局特征和演变规律，总结市县国土空间开发保护整治的成效和问题。研究资源利用、经济社会发展、生态环境质量与国土空间开发保护的内在联系和时空演变规律，识别国土安全、生态保护、资源保障、人居环境、经济社会等方面存在的隐患和风险，研判未来

一段时间区域内国土空间开发保护面临的内外部形势以及重大机遇与挑战。

2）现行规划实施评估

对现行土地利用总体规划、城市总体规划、市县域总体规划、海洋功能区划等空间类规划的实施情况进行评估，总结规划实施成效，找出自然资源利用和国土空间布局的主要问题，明确本次规划的重点。

3）资源环境承载能力评价和国土空间适宜性评价（简称"双评价"）

落实省级国土空间总体规划主体功能定位，结合市县域资源环境禀赋及发展面临的突出问题，评价资源环境承载状态和潜力，明确资源环境短板和比较优势。在资源环境承载能力评价结果的基础上，开展生态保护综合评价、农业生产适宜性评价、建设开发适宜性评价，划分生态重要性等级、农业生产适宜等级和建设开发适宜等级。

2. 战略与目标

1）国土空间开发保护战略

贯彻生态文明、高质量发展理念，依据国家和区域发展战略，以及省级国土空间总体规划确定的市县主体功能定位，针对市县国土空间开发保护存在的重大问题以及面临的形势，结合自然资源禀赋和经济社会发展阶段，制定市县国土空间开发和保护的功能定位、发展战略。

2）国土空间开发保护目标

在落实国家、省重大战略决策部署及省级国土空间总体规划目标基础上，以市县国土空间开发保护战略为引领，从经济社会发展、资源环境约束、国土空间保护、空间利用效率、生态整治修复等方面提出 2025 年、2035 年分阶段规划目标和约束性、预期性指标，并将主要指标分解到乡镇（片区）。同时，与国民经济和社会发展规划做好衔接，重要指标展望至2050 年。

3. 区域协同发展

1）区域协同发展

对接"一带一路""京津冀协同发展""长江经济带""粤港澳大湾区"等国家重大发展战略，加强山海协作与陆海统筹，提出市县在生态环境保护、资源开发利用、产业空间布局等领域的区域合作重点与方向，探索建立资源共享、产业集聚、陆海联动、共建共治和互联互通的协同机制。

2）设区市市域统筹（设区市编制）

设区市应明确市域山水林田湖海等自然资源的系统保护与利用要求；确定市域城镇化目

标、策略以及市域城镇体系结构；提出市域交通发展目标、策略，确定综合交通体系、重大交通设施以及交通廊道；进行水资源承载力供需平衡论证，明确水资源配置方案，确定涉及公共安全、有邻避效应及其他重要的区域性市政设施；确定市域城乡综合防灾减灾目标、主要灾害类型及其设防标准、危险品生产储存基地布局和防护要求。

4. 空间结构与格局

1） 国土空间开发保护总体格局

结合国土空间开发保护战略与目标，立足市县域自然资源本底，统筹生态、农业、海洋、历史文化等重要保护区域与廊道，分析人、地、产、城、交通的关系，确定城镇、产业开发的轴带和重要节点，依托基础设施支撑体系，构建市县国土空间开发保护总体格局。

2） 生态、农用地与资源环境保护格局

合理确定市县域生态安全格局与空间结构、农用地保护格局以及海域海岛海岸带保护格局。

3） 历史文化保护格局

梳理市县域历史文化名城（含历史文化街区）、名镇、名村，以及省级以上文物保护单位、历史建筑和传统村落、历史文化村落等，提出市县域历史文化保护整体格局。

4） 交通基础设施网络格局

提出市县域城乡交通线网（铁路、轨道交通、高速公路、国道、省道及主要公路、航道等）、综合交通枢纽（铁路及公路站场与枢纽、码头、航空港等）等主要交通基础设施网络格局。

5） 城乡体系与开发利用格局

合理确定市县域镇村体系以及城乡居民点体系结构，明确各类主要产业空间平台，构建市县城乡开发利用格局。

5. 空间控制线体系

1） 分级分类划定空间控制线

落实省级国土空间总体规划主体功能定位、三条控制线及海洋保护利用控制线管控要求，建立统一的分级分类空间控制线体系，明确总体目标、重点区域、空间布局，统筹优化划定生态保护红线、永久基本农田、城镇开发边界和海洋保护利用等一级空间控制线，互不交叉重叠。在此基础上，划定历史文化保护控制线、重要基础设施控制线以及绿线、蓝线等二级空间控制线。

2）统筹划定空间控制线

优先划定一级空间控制线，生态保护红线与永久基本农田存在矛盾的，要先论证生态保护的重要性，确需纳入生态保护红线的，可逐步退出永久基本农田，并在市县域内按数量不减少、质量有提高、生态功能有改善的要求进行补划；城镇开发边界与生态保护红线、永久基本农田存在冲突的，要优先保障生态保护红线和永久基本农田的整体性、连续性、稳定性，优化调整城镇开发边界。

3）一级空间控制线划定重点

自然保护区核心区、森林公园生态保育区等重要生态功能区和生态环境敏感区，优先划入生态保护红线；粮棉油生产基地内的耕地、高标准农田等集中连片、质量较高的耕地，优先划入永久基本农田；城镇规划建设区、各类新区、开发区等人口产业集聚区，划入城镇开发边界。严控围垦填海，严格保护自然岸线，整治修复受损岸线，根据海岸线保护、海洋生态系统安全等相关要求，科学划定海洋保护利用控制线。

6. 规划分区

在"双评价"基础上，围绕目标战略和开发保护格局，结合市县地域特征和经济社会发展水平，按照事权清晰、主导功能明确、陆海统一分区的原则，以乡镇为基本管理单元合理确定市县国土空间总体规划分区，合理划定生态保护区、海洋预留与特别保护区、耕地保护区、古迹遗址保护区、城镇发展区、乡村发展区、海洋利用区、矿产与能源发展区等分区，并明确各分区的核心管控目标、政策导向与管制规则。各市县还可结合地方实际，在上述分区基础上进一步细化落实辖区内国土空间总体规划分区及其保护与发展的管控要求。

7. 自然资源与生态保护利用

1）自然资源要素

按照山水林田湖草海系统保护要求，统筹市县耕地、森林、河流、湖泊、湿地、海洋及矿产等各类自然资源的保护与利用，确定自然资源保护底线和利用上限，提出各类自然资源供给总量，结构优化、布局调整的重点和方向，以及时序安排等。

2）重要生态功能区

落实并明确市县域水源涵养、水土保持、生物多样性维护等重点生态功能区，明确范围、布局与保护利用指引。

3）自然保护地体系

构建市县域自然保护地体系，明确分级分类标准，提出各类保护地的保护对象、保护目标及功能定位，确定各类保护地的保护范围、总体布局与保护发展指引。

4）生态廊道

建立连通森林、湿地、公园和保护区等的生态廊道系统，明确生态廊道类型、范围、布局与保护指引；构建生物多样性保护网络，明确保护要求与保护措施。

8. 农业农村发展与农用地保护利用

1）农用地资源

统筹农业生产布局，确定各类农用地资源供给总量。加强市县耕地、园地、林地、牧草地等各类农用地的保护与利用，提出结构优化及布局调整的重点方向，形成适应乡村振兴战略要求的农用地空间结构和利用方式。明确农业设施用地规模与布局，提出"农业＋"和农村第一、第二、第三产业融合发展的用地需求规划指引。

2）耕地与永久基本农田保护

落实耕地保有量和永久基本农田保护任务，划定永久基本农田保护区边界。确定永久基本农田整备区，优化永久基本农田空间布局。提出高标准农田建设和土地整治工程的规划指引，提高耕地和永久基本农田质量。

3）粮食生产功能区、重要农产品生产功能区与渔业资源保护区

基于市县域耕地、基本农田等资源数量与分布，提出农业与渔业空间布局，确定粮食生产功能区、重要农产品生产功能区以及渔业资源保护区的规划指引。

4）农村居民点建设

构建市县域村庄体系，确定村庄的功能类型、空间布局、用地规模和建设标准。按照城乡一体化和基本公共服务均等化要求，合理配置农村基础设施和公共服务设施用地，有效管控农村工业用地。引导开展农村环境综合整治，统筹推进农村人居环境改善和美丽乡村建设。

9. 城镇发展

1）人口与城镇化水平

综合评价市县域发展条件，合理预测人口及城镇化水平，确定乡镇发展目标、战略和实施路径，明确乡镇等级结构和职能分工，形成各乡镇差异化协调发展新格局。

2）中心城区及各乡镇发展

明确中心城区及各乡镇的发展规模、主要发展方向、空间形态与用地构成，预留弹性发展空间，引导内部结构和布局优化，提出规划要点与发展指引。

3）产业发展与平台建设

围绕国家及区域产业发展导向，结合市县第二、第三产业的基础与条件，明确市县"陆海统筹、产业联动"的产业发展思路与策略，提出第二、第三产业发展方向和重点；优化第二、第三产业结构，确定产业准入规则与负面清单；明确陆海产业联动平台，进行产业空间布局，提出产业空间优化与整合提升的原则与措施。

4）公共服务设施与社区生活圈

构建市县域公共服务设施体系，明确教育、医疗等公共服务设施配置标准并规定服务人口规模与空间布局。建立社区生活圈体系，明确社区生活圈建设标准，推动社区基本公共服务设施均等化、服务范围全覆盖。

5）历史文化遗产

明确市县域历史文化遗产保护名录，提出历史文化遗产保护整体框架与保护要素，确定保护目标、保护原则、保护范围和总体要求。

6）城市设计与城乡风貌特色

保护自然山水格局，确定市县域整体景观风貌架构，明确绿地系统、主要河湖水系及岸线的布局和建设要求，构建高品质公共空间网络。针对中心城区，研究总体空间格局和景观风貌特征，定位城市形象，构筑空间景观系统框架，对空间景观要素系统提出总体要求。

10. 海洋海岛海岸带保护利用（涉海市县编制）

1）海洋功能区划与海域使用

科学划定农渔业区、港口航运区等各类海洋功能区，明确其空间布局、开发保护重点及发展时序，并统筹无居民海岛的功能定位。统筹协调与优化配置各行业用海，合理控制各类建设用海规模，保障渔业、重要涉海产业和重点建设项目用海需求，优化海域使用结构，提出保护利用指引。

2）海洋生态系统与海岛海岸带

统筹保护市县海陆生态环境，明确海洋保护区、保留区、围填海规模等控制目标，维护河口、海湾、海岛、滨海湿地等海洋生态系统安全以及河口海域防洪安全；统筹协调市县陆地、海洋的开发利用和环境保护，明确海陆分界线，严格保护海岛海岸带。

3）海洋经济平台与海洋产业布局

确定市县主要海洋经济平台发展方向与功能定位，提出空间布局与优化提升策略，引导海洋产业优化布局。

11. 综合支撑体系

1）综合交通支撑

贯彻城乡一体化要求，确定市县域综合交通体系。明确重要交通枢纽选址预控方案和轨道交通走向，深化区域内城乡交通线网、各类交通设施与枢纽布局。

2）市政基础设施

明确市县水资源配置方案，提出能源、水利、电力、信息、给水、排水、环保、环卫、殡葬等市政基础设施发展目标与规模，按照城乡全覆盖原则确定各类市政基础设施及主要线网布局，构建市政基础设施网络。

3）防灾减灾规划

明确市县防灾减灾目标、设防标准、防灾设施布局与防灾减灾措施，划定涉及城市安全的重要设施范围、通道以及危险品生产和仓储用地的防护范围。

12. 国土综合整治与生态保护修复

1）生态保护修复

明确市县域生态保护修复的目标任务、策略路径、重点方向与重点区域，提出水污染防治和水生态修复、矿山环境整治与修复、土地整治与污染修复、生态环境综合修复、自然保护地生态修复、海洋生态保护修复等措施要求，提出生态保护修复的重点工程及重点项目。

2）国土综合整治

明确市县域国土综合整治的目标任务、策略路径、重点方向与重点区域。提出高标准农田、田水路林村综合整治、城乡建设用地增减挂钩重点工程和措施要求；开展耕地后备资源评估，明确补充耕地集中整备区规模和布局；结合现状城乡建设用地利用效率和可挖潜能力，提出城镇低效用地再开发、城镇景观风貌提升、生态环境治理、污染土地无害化利用、闲置用地处置等重点工程和实施机制；提出自然灾害防治的主要目标与措施。

13. 土地开发利用

1）建设用地存量更新

明确市县域城乡建设用地存量更新的目标任务、策略路径、重点方向与重点区域，加快农村宅基地、城镇工业用地、老旧小区和城中村等建设用地存量更新，提出城乡建设用地存量更新的重点工程及重点项目。

2）土地利用优化

优化市县土地利用结构，严格保护耕地；提高土地利用绩效，节约集约用地；加强农用地结构、空间及功能上的复合利用引导；鼓励建设用地混合开发；积极推进低效建设用地再利用，有序调节用地供应；完善城乡建设用地增减挂钩、增存挂钩、人地挂钩以及退宅还耕、退耕还林、退林还田等政策工具，引导土地要素的有效流动。

14. 管控体系与管控规则

1）管控体系

市县构建"全域—乡镇（片区）—单元（村庄）"三个层面的国土空间管控体系，明确各层面的管控要素、重点与要求，落实规划传导内容。

2）市县域层面管控内容与要求

明确市县域管控边界，落实上位规划的传导内容与要求，细化空间控制线管控、转换和准入规则，明确生态保护红线规模、永久基本农田保护面积等约束性指标，提出分级分类管控要求。其中，生态保护红线、永久基本农田内实行正面清单与开发强度控制；城镇开发边界内实行负面清单管理，控制建设用地总面积和开发强度。在规划分区基础上，制定市县基本农田保护、自然与文化遗产保护等土地用途分区以及海洋自然保护、工业用海等海域使用管控规则，严格耕地、自然保护地、海岸带、生态敏感脆弱区等特色区域的用途管制。

15. 对乡镇级规划的引导与要求

1）乡镇级规划范围界定

乡镇级国土空间总体规划是市县国土空间总体规划的下位规划，以一个乡镇行政范围或片区（若干个乡镇行政范围）为编制单元。市县国土空间总体规划应将乡镇（片区）主体功能、空间控制线要求、规模指标体系、国土开发保护方向、国土整治与生态修复等管控要求以及准入、退出和转换规则传导至乡镇（片区）国土空间总体规划，在乡镇（片区）规划中进一步细化土地用途分区以及海域使用管控规则。

2）空间控制线传导

市县国土空间总体规划应将生态保护红线、永久基本农田、城镇开发边界等空间控制线管控要求以及准入、退出、转换规则传导至乡镇（片区），在乡镇（片区）国土空间规划中落实空间控制线的具体边界，上图入库，确保落地实施。

3）指标体系传导

市县国土空间总体规划应将生态保护红线规模、永久基本农田保护面积、城镇开发边界范围面积、城乡建设用地规模等主要约束性指标分解下达至各乡镇（片区）。

16. 规划保障体系

1）信息平台

建立市县国土空间信息平台，整合自然资源、经济社会、空间规划等相关数据，形成国土空间规划大数据体系。制定市县国土空间总体规划与各专项规划、各层级规划之间的数据对接方式，确保规划数据的无缝衔接。对国土空间规划数据进行实时更新和动态维护，保障国土空间规划信息准确有效，实现全覆盖的国土空间管理。

2）配套政策

健全市县国土空间用途管制、自然资源有偿使用、生态补偿、空间管控传导、区域协调联动等制度，按照政策精准化、措施精细化、协调机制化的要求，制定市县国土空间总体规划实施的系列政策，为制定人口流动、产业投资、金融财税和资源配置等配套政策提供依据。

3）评估、监测预警机制

建立"一年一体检、五年一评估"的评估机制，定期评估市县国土空间总体规划主要目标、空间布局、重大工程及项目等执行情况，以及各乡镇（片区）对市县国土空间总体规划的落实情况等，并根据评估结论适时组织规划修改。研究提出市县国土空间开发利用监测指标体系，利用国土空间信息平台设计构建横向协调、纵向联动的规划实施监测评估系统，建立监测预警长效机制。加强监督检查，建立绩效考核制度，将规划实施纳入省级自然资源督察和市县政府监督检查范围。

6.2.3 国土空间总体规划成果报批与公示

国土空间总体规划按照下级服从上级的原则，自下而上审查报批。国土空间总体规划经本级人民政府审查同意后，逐级上报审批机关同级的自然资源行政主管部门审查，自然资源行政主管部门应当根据审查情况和相关部门意见，提出明确的审查结论，提请有批准权的人民政府审批。

规划成果经批准后，应向全社会公布。鼓励各级政府对规划成果实施状况进行动态评估、监测和预警，并将其纳入国土资源管理的信息化体系。各级规划成果的调整、修改应遵照有关规定进行。

任务 6.3　"三区三线"的划定

6.3.1　背景及概念界定

1. "三区三线"划定背景

在我国规划体制改革的大背景下，编制统领式空间规划、重构空间规划体系的新路径逐渐确立。2014 年，国家发展和改革委员会等四部门联合发布《关于开展市县"多规合一"试点工作的通知》，明确提出空间规划要"划定城市开发边界、永久基本农田红线和生态保护红线，形成合理的城镇、农业、生态空间布局"。2017 年 1 月，《省级空间规划试点方案》中明确要求以"三区三线"为载体，合理整合协调各部门空间管控手段，绘制形成空间规划底图。随后，党的十九大报告明确提出"完成生态保护红线、永久基本农田、城镇开发边界三条控制线划定工作"，标志着"三区三线"的划定及管控成为构建空间规划体系的重要内容。2018 年 11 月，中共中央、国务院发布《关于统一规划体系更好发挥国家发展规划战略导向作用的意见》。"三区三线"的划定与管控，成为各级国土空间规划编制与监督实施的重要内容。

2. "三区"的概念

"三区"是指城镇空间、农业空间、生态空间三类空间。其中，城镇空间指以城镇居民生产生活为主体功能的国土空间，包括城镇建设空间、工矿建设空间以及部分乡级政府驻地的开发建设空间。农业空间指以农业生产和农村居民生活为主体功能，承担农产品生产和农村生活功能的国土空间，主要包括永久基本农田、一般耕地等农业生产用地以及村庄等农村生活用地。生态空间指具有自然属性、以提供生态服务或生态产品为主体功能的国土空间，包括森林、草原、湿地、河流、湖泊、滩涂、岸线、海洋、荒地、荒漠、戈壁、冰川、高山冻原、无居民海岛等。

3. "三线"的概念

"三线"是指生态保护红线、永久基本农田保护红线和城镇开发边界三条控制线。

生态保护红线是指在生态空间范围内具有特殊重要生态功能、必须强制性严格保护的区域，是保障和维护国家生态安全的底线和生命线，通常包括具有重要水源涵养、生物多样性维护、水土保持、防风固沙、海岸生态稳定等功能的生态功能重要区域，以及水土流失、土地沙漠化等生态环境敏感脆弱区域。2017 年 5 月，环境保护部、国家发展和改革委员会联合发布《生态保护红线划定指南》，要求各地按照该指南推进生态保护红线划定工作，核心是对国土空间开展生态功能重要性和生态敏感性评估。将生态极重要和生态极敏感区域与国家级和省级的禁止开发区域进行校验，形成生态保护红线。

永久基本农田保护红线是按照一定时期人口和社会经济发展对农产品的需求，依法确定的不得占用、不得开发、需要永久性保护的耕地空间边界。从 2014 年 11 月《国土资源部、农业部关于进一步做好永久基本农田划定工作的通知》到 2018 年 2 月国土资源部印发《关于全面实行永久基本农田特殊保护的通知》，全国各地已基本完成永久基本农田划定工作。

城镇开发边界是在国土空间规划中划定的，一定时期内指导和约束城镇发展，在其区域内可以进行城镇集中开发建设、重点完善城镇功能的区域边界。2014 年 8 月，住房和城乡建设部、国土资源部联合部署在北京、沈阳、上海、南京、苏州、杭州等 14 个城市开展城镇开发边界划定试点，各地根据自身条件编制划定方法，例如，四川省发布了《城市开发边界划定导则（试行）》，福建省出台了《福建省城市开发边界划定和管理技术要点（试行）》。2019 年 6 月，自然资源部发布《城镇开发边界划定指南（试行，征求意见稿）》，将城镇开发边界内分为城镇集中建设区、城镇弹性发展区和特别用途区。其中，城镇集中建设区是指根据规划城镇建设用地规模，为满足城镇居民生产生活需要，划定的一定时期内允许开展城镇开发和集中建设的地域空间。城镇弹性发展区是为应对城镇发展的不确定性，在城镇集中建设区外划定的，在满足特定条件下方可进行城镇开发和集中建设的地域空间。特别用途区是为完善城镇功能、提升人居环境品质、保持城镇开发边界的完整性，根据规划管理需划入开发边界内的重点地区，主要包括与城镇关联密切的生态涵养、休闲游憩、防护隔离、自然和历史文化保护等地域空间。

"三区三线"是实现主体功能区战略精准落地的重要手段，是空间规划的核心内容（见图 6-1）。科学划定"三区三线"，有助于区划生产、生活、生态"三生"空间，合理界定建设用地、农业用地、生态用地，体现生产空间集约高效、生活空间美丽宜居、生态空间山清水秀的美好愿景。

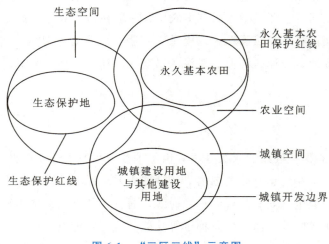

图 6-1 "三区三线"示意图

6.3.2 "三区三线"划定意义

1. 划定"生态保护红线和生态空间"的意义

一是维护国家生态安全。生态保护红线是国家生态安全的底线和生命线。划定生态保护红线和生态空间，既是贯彻落实主体功能区制度、实施生态空间用途管制的重要举措，也是优化国土空间开发格局、提高生态产品供给能力、增强生态系统服务功能的有效手段，对构建生态安全格局具有战略意义。

二是改善环境质量。通过划定并严守生态保护红线，可以有效控制环境污染源，防范区域性环境风险，提高环境质量水平。这一制度从源头上遏制生态环境恶化趋势，为建设天蓝、地绿、水净的美好家园提供保障。

三是促进经济可持续发展。划定生态保护红线，引导人口分布、经济布局与资源环境承载能力相适应，从根本上优化了人类对各种生态资源的利用方式，促进各类资源集约节约利用，从而增强我国经济社会可持续发展的生态支撑能力。

2. 划定"永久基本农田保护红线和农业空间"的意义

一是保障国家粮食安全。耕地是我国最为宝贵的资源，是国家粮食安全的基石。随着人口增长和消费结构升级，未来一个时期我国粮食需求仍呈刚性增长态势，处于紧平衡状态。划定永久基本农田保护红线和农业空间，有利于巩固提升粮食综合生产能力。

二是推动节约集约用地。耕地是农业生态系统的重要基础，具有重要生态功能。划定永久基本农田保护红线，对农业空间实行特殊保护，与森林、河流、湖泊、山体等共同形成城市生态屏障，成为城市开发的实体边界，有利于倒逼城市节约集约用地，优化城乡生产、生活、生态空间格局。

三是推动农业现代化。划定永久基本农田保护红线和农业空间，有利于支撑现代农业、都市农业发展，推动农业适度规模经营，促进农业转型发展。

四是维护农民权益。推动永久基本农田落地到户，有利于筑牢农村土地制度改革底线，巩固农民的土地承包经营权，增加农民收入，切实维护广大农民权益，同时为传承农耕文化提供物质基础。

3. 划定"城镇开发边界和城镇空间"的意义

一是促进城市转型发展。城镇开发边界和城镇空间的划定，可以防止城镇盲目扩张和无序蔓延，促进城镇发展由外延扩张向内涵提升转变，优化城镇布局形态和功能结构，实现城市的转型发展，同时为生态文明建设留住本底。

二是提高节约集约用地水平。城镇开发边界和城镇空间的刚性管控，可以控制城市发展的最大规模和面积，控制增量建设用地，倒逼存量建设用地的挖潜和利用，从而提高节约集约用地水平，优化国土空间结构。

三是有利于将城镇融入大自然。城镇开发边界和城镇空间的划定，有利于保留城市周边的农业空间。依托现有山水脉络等独特风光,农业空间可将城镇融入大自然,让居民望得见山、看得见水、记得住乡愁。

6.3.3 生态保护红线划定

1. 划定原则

1) 科学性原则

以构建国家生态安全格局为目标,采取定量评估与定性判定相结合的方法划定生态保护红线。在资源环境承载能力和国土空间开发适宜性评价的基础上,依据生态系统服务功能(简称"生态功能")重要性评估与生态环境敏感性识别结果,确定生态保护红线范围,确保生态保护红线布局合理、落地准确、边界清晰。

2) 整体性原则

统筹考虑自然生态整体性和系统性,结合山脉走向、河流水系、地貌单元、植被分布等自然地理边界以及生态廊道的连通性,合理划定生态保护红线,应划尽划,避免生境破碎化,强化跨区域生态保护红线的有序衔接。

3) 协调性原则

建立协调有序的生态保护红线划定工作机制,强化部门联动,上下结合,充分与主体功能区规划、生态功能区划、水功能区划及土地利用现状、城乡发展布局、国家应对气候变化规划等相衔接,与永久基本农田保护红线和城镇开发边界相协调,与经济社会发展需求和当前监管能力相适应,统筹划定生态保护红线。

4) 动态性原则

根据构建国家和区域生态安全格局、提升生态保护能力和生态系统完整性的需要,生态保护红线布局应不断优化和完善,面积只增不减。

2. 划定流程

按照定量与定性相结合的原则,通过科学评估,识别生态保护的重点类型和重要区域,合理划定生态保护红线。

1) 开展科学评估

在国土空间范围内,按照资源环境承载能力和国土空间开发适宜性评价技术方法,开展生态功能重要性评估和生态环境敏感性评估,确定水源涵养、生物多样性维护、水土保持、防风固沙等生态功能极重要区域及极敏感区域,纳入生态保护红线。

科学评估的主要步骤包括:确定基本评估单元、选择评估类型与方法、数据准备、模型运算、评估分级和现场校验。

（1）确定基本评估单元。

根据生态评估参数的数据可获取性，统一评估工作的精度要求。原则上，评估的基本空间单元应为 250 m×250 m 网格，有条件的地区可进一步提高精度。评估工作运行环境采用地理信息系统软件。

（2）选择评估类型与方法。

根据该地区生态环境特征和主要生态问题，确定生态功能重要性评估类型和生态环境敏感性评估类型，并结合数据条件，选取适宜的评估方法。

（3）数据准备。

根据评估方法，收集评估所需的各类数据，如基础地理信息数据、土地利用现状及年度调查监测数据、气象观测数据、遥感影像、地表参量、生态系统类型与分布数据等。评估的基础数据类型为栅格数据，非栅格数据应进行预处理，统一转换为便于空间计算的网格化栅格数据。

（4）模型运算。

根据评估公式，在地理信息系统软件中输入评估所需的各项参数，计算生态功能重要性和生态环境敏感性指数。

（5）评估分级。

根据评估结果，将生态功能重要性依次划分为一般重要、重要和极重要三个等级，将生态环境敏感性依次划分为一般敏感、敏感和极敏感三个等级。

（6）现场校验。

根据相关规划、区划中重要生态区域空间分布，结合专家知识，综合判断评估结果与实际生态状况的相符性。针对不符合实际情况的评估结果开展现场核查校验与调整，使评估结果趋于合理。

2）校验划定范围

根据科学评估结果，将评估得到的生态功能极重要区和生态环境极敏感区进行叠加合并，并与以下保护地进行校验，形成生态保护红线空间叠加图，确保划定范围涵盖国家级和省级禁止开发区域以及其他有必要严格保护的各类保护地。

（1）国家级和省级禁止开发区域。

这类区域包括国家公园、自然保护区、森林公园的生态保育区和核心景观区、风景名胜区的核心景区、地质公园的地质遗迹保护区、世界自然遗产的核心区和缓冲区、湿地公园的湿地保育区和恢复重建区、饮用水水源地的一级保护区、水产种质资源保护区的核心区，以及其他类型禁止开发区的核心保护区域。

对于上述禁止开发区域内的不同功能分区，应根据生态评估结果确定纳入生态保护红线的具体范围。位于生态空间以外或人文景观类的禁止开发区域的，不纳入生态保护红线范围。

（2）其他各类保护地。

除上述禁止开发区域以外，各地可结合实际情况，根据生态功能重要性，将有必要实施严格保护的各类保护地纳入生态保护红线范围。这类保护地主要包括：极小种群物种分布的栖息地、国家一级公益林、重要湿地（含滨海湿地）、国家级水土流失重点预防区、沙化土地封禁保护区、野生植物集中分布地、自然岸线、雪山冰川和高原冻土等重要生态保护地。

3）确定红线边界

已经确定的生态保护红线空间叠加图，通过边界处理、现状与规划衔接、跨区域协调、上下对接等步骤，确定生态保护红线边界。

（1）边界处理。

采用地理信息系统软件，对叠加图层进行图斑聚合处理，合理扣除独立细小斑块、建设用地和永久基本农田。边界调整的底图建议采用第一次全国地理普查数据库或土地利用现状及年度调查监测成果，按照保护需要和开发利用现状，结合以下几类界线勾绘调整生态保护红线边界。

①自然地理边界，主要是依据地形地貌或生态系统完整性确定的边界，如林线、雪线、流域分界线，以及生态系统分布界线等。

②自然保护区、风景名胜区等各类保护地边界。

③江河、湖库，以及海岸等向陆域（或向海）延伸一定距离的边界。

④地理国情普查、全国土地调查、森林草原湿地荒漠等自然资源调查明确的地块边界。

（2）现状与规划衔接。

将生态保护红线边界与各类规划、区划空间边界及土地利用现状相衔接，综合分析开发建设与生态保护的关系，结合经济社会发展实际，合理确定开发与保护边界，提高生态保护红线划定的合理性和可行性。

（3）跨区域协调。

根据生态安全格局构建需要，综合考虑区域或流域生态系统完整性，以地形、地貌、植被、河流水系等自然界线为依据，充分与相邻行政区域生态保护红线划定结果进行衔接与协调，开展跨区域技术对接，确保生态保护红线空间连续，实现跨区域生态系统整体保护。

（4）上下对接。

采取上下结合的方式开展技术对接，广泛征求各市、县级政府意见，修改完善后达成一致意见，确定生态保护红线边界。

4）形成划定成果

在上述工作基础上，编制生态保护红线划定文本、图件、登记表及技术报告，建立台账数据库，形成生态保护红线划定方案。

5）开展勘界定标

根据划定方案确定的生态保护红线分布图，收集红线附近原有平面控制点坐标成果、控制点网图，以高清正射影像图、地形图和地籍图等相关资料为辅助，调查生态保护红线各类基础信息，明确红线区块边界走向和实地拐点坐标，详细勘定红线边界。选定界桩位置，完成界桩埋设，测定界桩精确空间坐标，建立界桩数据库，形成生态保护红线勘测定界图。

设立统一规范的标识标牌，主要内容包括生态保护红线区块的范围、面积、具体拐点坐标、保护对象、主导生态功能、主要管控措施、责任人、监督管理电话等。

6.3.4　永久基本农田保护红线划定

1. 划定原则

（1）坚持依法依规、规范划定。

根据《中华人民共和国土地管理法》和《永久基本农田保护条例》有关规定，按照国土空间规划调整完善确定的目标任务，规范有序开展全域永久基本农田划定工作。

（2）坚持统筹规划、协同推进。

永久基本农田划定要与国土空间规划调整完善协同推进，两者互为基础、互为条件。城市周边和全域永久基本农田划定要充分衔接，划定成果要全部纳入地方各级规划调整方案，两项工作统一方案编制，同步完成。

（3）坚持保护优先、布局优化。

永久基本农田划定和国土空间规划调整完善要按照总体稳定、局部微调、应保尽保、量质并重的要求，优先确定永久基本农田布局，把城市周边"围住"、把公路沿线"包住"，优化国土空间开发格局。

（4）坚持优进劣出、提升质量。

落实国务院《土壤污染防治行动计划》，将重点地区、重点部位优先保护类和安全利用类耕地优先划入，将受重度污染的严格控制类耕地及其他质量低下耕地按照质量由低到高的顺序依次划出，提升耕地质量，保证粮食生产环境安全。

（5）坚持特殊保护、管住管好。

加强和完善对永久基本农田管控性、建设性和激励约束性保护政策，严格落实永久基本农田保护责任，强化全面监测监管，建立健全"划、建、管、护"长效机制。

2. 划定流程

永久基本农田保护红线的划定方式主要是在对耕地进行综合质量分析和空间布局分析基础上，根据上级下达的指标进行永久基本农田的初步调整，并做合理性分析和实地勘察，最终确定基本农田保护范围。

（1）基础数据收集。

收集土地利用现状调查资料、已有永久基本农田保护资料、农用地分等定级资料、土地管理和规划相关资料，整理出划定的永久基本农田、最新的土地利用变更调查数据、耕地质量等级评定、耕地地力调查与质量评价等成果数据。

（2）永久基本农田划出。

结合国家、各省重点建设项目占用需求和生态退耕要求，依据土地利用变更调查数据、耕地质量等级评定、耕地地力调查与质量评价等成果数据，统计分析划出永久基本农田的数量和质量情况。

（3）确定永久基本农田补划潜力。

根据最新的土地利用变更调查数据，充分考虑水资源承载力等约束因素，明确在已划定永久基本农田范围外、位于农业空间范围内的现状耕地，作为规划期永久基本农田保护红线的补划潜力空间。依据土地利用变更调查数据、耕地质量等级评定、耕地地力调查与质量评价等成果数据，结合连片条件分析和空间布局条件，明确补划的数量和质量情况。

（4）形成划定方案。

校核划出永久基本农田和可补划耕地的数量和质量情况，按照数量不减少、质量不降低的要求，确定永久基本农田的最终边界。

6.3.5 城镇开发边界划定

1. 划定原则

（1）坚持节约优先、保护优先。

坚持底线思维，在资源环境承载能力和国土空间开发适宜性评价的基础上，优先划定不能进行开发建设的范围，科学设置开发强度，统筹划定生态保护红线、永久基本农田保护红线、城镇开发边界。严控增量、盘活存量、优化结构、提升效率，提高城镇建设用地集约化程度。

（2）顺应城镇发展需求。

在综合考虑城镇定位、发展方向和综合承载能力的基础上，科学研判城镇发展需求，优化城镇形态和布局，促进城镇有序、适度、紧凑发展，实现多中心、网络化、组团式、集约型的城乡国土空间格局。

（3）提升人居环境品质。

坚持以人为本，统筹安排城镇生产、生活、生态空间，突出当地自然与人文特色，塑造高品质人居环境，将城市融入大自然，让居民望得见山、看得见水、记得住乡愁。

（4）为城镇发展留有空间。

严格实行建设用地总量与强度双控，强化城镇开发边界对开发建设行为的刚性约束作用，同时也要考虑城镇未来发展的不确定性，适当增加布局弹性，科学预留一定比例的留白区。

（5）因地制宜。

结合当地城镇化发展水平和阶段特征，以主体功能区定位为导向，兼顾近期和长远发展，因地制宜划定城镇开发边界。特大、超大城市以及资源环境超载的城镇，要划定永久性开发边界。

2. 划定方法

城镇开发边界划定一般有增长法和控制法两种，有的也叫正向法和反向法。增长法是以城市的空间拓展为导向，从满足城市发展需求角度，对人口、经济、自然等要素进行预测分析，模拟城市增长，预留弹性空间，划定城镇开发边界。控制法则是以生态保护或者永久基本农田保护为导向，以自然限制要素为着眼点，先考虑重要生态资源和建筑条件受限区域，由非建设要素倒逼框定城镇开发边界范围。

增长法缺少对空间的总体结构和生态格局的考虑。控制法缺乏对城市空间发展的有序引导。因此，还有试图将增长法和控制法结合在一起的"综合法"。

3. 划定流程

（1）基础数据收集。

依托市县国土空间规划研究和编制工作，有针对性地开展经济社会发展、国土空间利用、生态环境保护、城乡建设等方面调研，收集相关资料数据，梳理城镇发展需求和趋势，分析确定采用的基础数据，编绘相关现状基础图件。

（2）开展评价分析。

①城镇发展定位研究。

紧紧围绕"两个一百年"奋斗目标，落实国家和区域发展战略，依据上级国土空间规划要求，明确城镇定位、性质和发展目标。

②资源环境承载能力和国土空间开发适宜性评价。

对自然资源和生态环境本底条件开展综合评价，识别城镇发展的限制因素和突出问题；对国土空间开发适宜性进行综合评价，明确适宜、一般适宜和不适宜城镇开发的地域空间。

③城镇发展现状研究。

摸清现状建设用地底数和空间分布；对现行城乡规划、土地利用规划等空间类规划和国土空间开发保护情况进行分析，对国土空间面临的潜在风险和重大挑战进行评估，提出优化方案和应对措施。

④城镇发展规模研究。

分析城镇人口发展趋势和结构特征、经济发展水平和产业结构、城镇发展阶段和城镇化水平，落实上级国土空间规划规模指标要求，根据城镇扩张、稳定或收缩的特点，提出行政辖区内不同城镇的人口和用地规模。

⑤城镇空间格局研究。

综合研判城镇主要发展方向，平衡全域和局部、近期和长远、供给和需求，可以运用城市设计和大数据等方法，延续历史文脉，控制生态廊道，提出城镇空间结构和功能布局。

（3）边界初划。

①规划期限。

城镇开发边界期限原则上与国土空间规划相一致。特大、超大城市以及资源环境超载的城市，应划定城镇开发刚性边界。

②城镇集中建设区。

结合城镇发展定位和空间格局，依据国土空间规划中确定的规划城镇建设用地规模，将规划集中连片、规模较大、形态规整的区域确定为城镇集中建设区。现状建成区，规划集中连片的城镇建设区和城中村、城边村，依法合规设立的各类开发区，国家、省、市确定的重大建设项目用地等应划入城镇集中建设区。以县（区）为统计单元，划入城镇集中建设区的规划城镇建设用地原则上应高于县（区）域规划城镇建设用地总规模的90%。

③城镇弹性发展区。

在与城镇集中建设区充分衔接、关联的基础上，在适宜进行城镇开发的地域空间合理划定城镇弹性发展区，做到规模适度、设施支撑可行。城镇弹性发展区面积原则上不得超过城镇集中建设区面积的 15%，其中，特大城市、超大城市的城镇弹性发展区面积原则上不得超过城镇集中建设区面积的 8%。

④特别用途区。

根据地方实际，特别用途区应包括对城镇功能和空间格局有重要影响、与城镇空间联系密切的山体、河湖水系、生态湿地、休闲游憩空间、防护隔离空间、农业景观、古迹遗址等地域空间。要做好与城镇集中建设区的蓝绿空间衔接，形成完整的城镇生态网络。

（4）方案协调。

省自然资源主管部门应加强组织指导，及时协调解决市县城镇开发边界具体划定工作中遇到的问题。市自然资源主管部门在开展城镇开发边界具体划定工作时，应征求相关部门和区县人民政府意见。县自然资源主管部门在开展城镇开发边界具体划定工作时，应征求相关部门和镇（乡）人民政府意见。

（5）边界划定入库。

①明晰边界。

尽量利用国家有关基础调查明确的边界、各类地理边界线、行政管辖边界、保护地界、权属边界、交通线等界线，将城镇开发边界落到实处，做到清晰可辨、便于管理。城镇开发边界由一条或多条连续闭合线组成，范围应尽量规整、少"开天窗"，单一闭合线围合面积原则上不小于 30 公顷。

②"三线"协调。

城镇开发边界应尽可能避让生态保护红线、永久基本农田。出于对城镇开发边界完整性及特殊地形条件约束的考虑，零散分布或确需划入开发边界的生态保护红线和永久基本农田，可以"开天窗"形式不计入城镇开发边界面积，并按照生态保护红线、永久基本农田的保护要求进行管理。

③上图入库。

划定成果矢量数据采用 2000 国家大地坐标系（CGCS 2000），在第三次全国国土调查成果基础上，结合高分辨率卫星遥感影像图、地形图等基础地理信息数据，和国土空间规划成果一同上图入库，并纳入全国统一的自然资源部国土空间规划"一张图"。

任务 6.4　国土空间总体规划中城市发展战略的确定

6.4.1　城市发展目标

城市发展战略的核心是设定一定时期的城市发展目标和实现这一目标的途径。城市发展目标是城市发展战略和城市规划中拟定的一定时期内社会、经济、环境发展应选择的方向和预期达到的指标。这个目标可以从两个维度去看，按时序维度可以将其划分为近、中、远三个阶段，按时间顺序分步实施，最终达到总体目标；也可以分领域设定目标，一般从产业经济、社会人文、生态保护和空间建设这四个领域去拟定目标，通过不同领域中不同指标的量化，确定目标的实施途径。

6.4.2   城市职能

城市发展战略中，有一个很重要的任务就是要确定城市的职能。城市职能是指城市在一定地域内的经济、社会发展中所发挥的作用和承担的分工。城市内部各种功能要素的相互作用是城市职能的基础，城市与外部的联系和作用是城市职能的集中体现。城市是外部作用和内部功能相统一的整体。分析城市职能一般可以按照一般职能与特殊职能、基本职能与非基本职能、主要职能与辅助职能这几个方面来进行。

（1）一般职能与特殊职能。

城市一般职能是指每个城市必须具备的功能，如为本城市居民服务的商业、饮食业、服务业和建筑业等。城市特殊职能是指代表城市特征的，不为每个城市所共有的职能，如上海的城市特殊职能是金融中心、三亚的城市特殊职能是风景旅游、新疆克拉玛依市的城市特殊职能是石油采掘业，等等。确定城市职能首先要保障一般职能的运作，还得考虑城市的特色资源、发展优势，以便挖掘和引导其特殊职能。

（2）基本职能与非基本职能。

城市基本职能是指为城镇以外地区服务的职能，是城镇发展主动、主导的促进因素。反之，非基本职能是指为城镇自身居民服务的职能。以城市教育职能配套设施来说明，中山大学就属于广州市的基本职能，因为它是服务全国各个城市，而为广州市居民设置的中小学就是属于城市的非基本职能。在研究城市职能时，更应侧重寻找城市基本职能，为城市发展确定方向。

（3）主要职能与辅助职能。

主要职能是指城市职能中比较突出的，对城市发展起决定作用的职能。辅助职能是指为主要职能服务的职能。主要职能一般是城市的基本职能或特殊职能，决定了城市的性质。

研究城市职能的目的是确定城市性质。总体规划一般通过分析现状、掌握未来各经济部门的产值和就业结构比例，以及研究各功能用地结构来确定城市主要职能，从而确定城市性质。一般按三种方式来对城市职能进行表述：第一种是以各级行政中心职能来划分，比如首都、省会城市、地区中心城市、县城、片区中心乡镇等。这类城市一般具有行政、经济、文化、交通中心等功能；第二种是以经济职能划分，比如综合型中心城市、工业城市、商贸城市、交通城市、农业城市、旅游城市等；第三种是以城市特殊职能划分，比如科研教育城市、历史文化名城、风景旅游城市、生态康养型城市等。

6.4.3   城市性质

城市性质由城市职能而来，是城市发展战略部分必须得出的结论。城市性质是指城市在一定地区、国家以至更大范围内的政治、经济与社会发展中所处的地位和所担负的主要职能。从城市的宏观综合影响范围出发，可以将城市性质表述为国际性、全国性、地方性等；从城市地位出发，可以将城市性质表述为中心城市、交通枢纽、工业基地等；从城市主导产业结构出发，可以通过产业职工人数、产值比重等表述城市性质；从城市的其他主要职能和特点出发，城市性质可以是对历史文化、风景旅游、军事防御等的表述，也可以是对资源、自然地理、建设条件等的表述。

当一个城市的城市性质得到确定，就可以为城镇总体规划提供科学依据，既有助于明确城镇发展的目标与方向，也为确定城镇合理规模和布局提供重要依据。总体来说，城市性质的确定是一项综合性和区域性较强的工作，必须分析研究城镇发展的历史条件、现状特点、生产部门构成、职工构成、城镇与周围地区的生产联系及其在地域分工中的地位等多个方面内容。

城市职能有好几个，强度和影响范围各不相同，而城市性质只抓最主要、最本质的职能；城市职能是客观存在的，可能合理，可能不合理，城市性质加入了规划者的主观思想，可能正确，可能不正确。

以不同时期广州市城市总体规划为例，说明城市性质的动态特征。2010 年版广州市总规，确定广州市是广东省省会、华南地区中心城市之一、国家历史文化名城。可以看出这个城市性质的表述包含了影响范围、区域地位，还有历史文化这个特殊职能。《广州市城市总体规划（2011—2020 年）》增加了"我国重要的中心城市、国际商贸中心和综合交通枢纽"，可以看出，区域地位提高了，并增加了商贸、交通等基本职能的表述。2035 版总规，又增加广州市是广东省省会、国家重要中心城市、历史文化名城、国际综合交通枢纽、商贸中心、交往中心、科技产业创新中心，逐步建设成为中国特色社会主义引领型全球城市。广州地位再次提升，开始提全球城市，并增加科技创新职能；在 2035 版总规基础上，广州市2035 版国土空间规划融入了粤港澳大湾区的区域背景，将广州城市性质的表述再次完善和提升。

任务 6.5　国土空间规划中的总体布局

城市总体规划的内容按照规划范围划分为市域和中心城区两个层次。市域层次以城乡统筹与空间管制、城乡发展总体布局、综合交通体系规划、重大基础设施布局、重点城市发展规划为主要内容。中心城区规划侧重城市建设用地总体布局和各专项支撑系统的规划。

6.5.1　城市发展方向

城市发展方向是指城市各项建设规模需求扩大所引起的城市空间地域扩展的主要方向。确定城市发展方向需要以建设用地适用性评价为基础，对城市发展用地做出合适选择。城市建设用地选择要满足以下五条基本要求：选择自然条件有利的区域、尽量少占农田、保护古迹与矿藏、满足主要建设项目的要求并为城市合理布局创造良好条件。同时，还应考虑城市现状的建设条件和已具备的技术经济条件。

6.5.2　城市功能与结构

城市功能是城市发展的动力，是城市存在的本质特征，是由城市各项经济活动相互发生空间竞争而导致的同类功能活动在空间上高度集中的产物。

城市结构决定城市功能的空间联系，是城市系统中各组成部分或各要素之间的关联方式。城市结构引导城市功能动态调整，对城市发展的影响更为深远。

6.5.3　城市形态

城市形态是城市形象的魅力展现，是城市空间结构的整体形式，是城市功能和城市结构的高度概括，映射城市发展的持续与传承，能表达出鲜明的城市个性与景观特色。城市布局形态可分为集中式布局和分散式布局。

（1）集中式布局。

所谓集中式布局，就是城市各项主要用地集中成片布置的空间模式。其优点是便于设置较为完善的生活服务设施，城市各项用地紧凑、节约，有利于保障经济社会活动联系的效率和方便居民生活。集中式布局可进一步划分为网格状、环形放射状等类型。

网格状是最典型的城市形态之一，由相互垂直的路网构成，一般适用于平原地区。网格形态在全球范围内都有广泛的应用。国外有的城市形态采用非常严整的方格网，一般比国内的城市网格尺度小，而且非常均质化。美国旧金山就在其城市规划中采用了"窄而密"的方格网式布局。

环形放射状布局采用放射形道路网和环形道路网，大中城市比较常见。环形放射状布局在全球范围内也被广泛采用，尤其是在欧洲城市用得多。国内最典型的案例是北京，目前已经规划到了七环。

（2）分散式布局。

分散式城市布局形态最主要的特征是城市空间呈现非集聚的分布方式。

组团式布局形态由若干块不连续城市用地构成，块与块之间被农田、山地、河流、森林等分割，同时团块之间又有便捷的交通联系。香港是典型的组团结构，全城被山、海湾阻隔为香港岛、九龙和新界三部分，而新界又被山岭分隔为多个新市镇。

带状城市主要受交通线、地形影响，沿山谷或水体岸线分布。甘肃兰州是典型的河谷型城市，位于黄河谷地中，其空间分布被迫沿着河流两岸东西延伸，形成条带状格局。

指状布局城市从中心出发，沿多条交通走廊定向向外扩张，可能沿地形或者沿交通线形成，一般是基于放射状的交通结构。大哥本哈根的城市规划是最典型的指状结构，"指状"这一名称也来源于此。整个城市老城区为"掌心"（palm），以通过从市区向外放射状布局的铁路为轴线，建设完备的城市体系并通过发达的交通和老城区相连，最终形成以铁路为"手指"（finger）、站点或附近城镇为"珍珠"（pearl）的格局。

环状城市一般围绕山体、水体等发展，需要有特殊的地理条件。新加坡早在 1963 年就提出"环状城市"的概念，在岛屿的中心保留大片自然保护区，禁止任何开发，外围通过环状交通串联布置一系列新城。

卫星状布局城市一般以城市中心为核心，外围发展若干小城市，常见于大城市或特大城市。英国伦敦在 20 世纪中期为疏散人口，先后建设了 32 个新城。

多中心和组群城市由多个片区在各自条件下发展，逐步形成多样化焦点、中心及轴线，是多种方向上不断蔓延发展的结果。美国旧金山湾区是加利福尼亚州北部的大都会区，其中主要有三个大城市——旧金山、奥克兰和圣何塞，以及众多各具特色的小城市，硅谷即坐落于此。

任务 6.6 国土空间总体规划中的用地布局

合理组织城市用地功能是总体布局的核心。各种功能的城市用地之间，既存在相互联系与依赖，也可能产生干扰甚至矛盾，这就需要在城市总体布局中按照各类用地的功能要求以及相互之间的关系加以合理组织。

6.6.1 居住用地

居住生活是城市的首要功能，而居住用地是承担居住功能和生活活动的场所。为城镇居民创造良好的居住环境，不断提高生活质量，是人类住区规划的主旨之一，也是城乡规划的主要目标之一。通常，居住用地的选择应考虑四个方面的因素。一是自然环境优良，这是宜居的首要基础条件。好的自然环境可以为居民提供清新的空气、优美的景观、舒适的游憩场所等。二是与就业区、商业中心等功能区域的协调关系。这就要求平衡职住关系，这是因为在城市中居住用地不可能独立存在，它与其他城市功能用地是相互协调的。三是用地自身及用地周边的环境良好。这里的环境包含自然环境、交通环境、配套环境等。四是适宜的规模与用地形状。居住用地的规模过小，不利于配套设施的布局；规模过大会使得城市用地割裂，居住区内部过于封闭。同时，居住用地形状直接影响小区居住建筑的布局。

6.6.2 公共管理与公共服务设施用地

公共管理与公共服务设施的内容和规模在一定程度上反映出城市性质、物质生活与文化生活水平以及其文明程度。公共管理与公共服务设施的内容设置及规模大小与城市职能和规模相关联：有些与人口规模密切相关，从而具有地方性；与城市职能相关，并不全然涉及城镇人口规模大小，如一些旅游城镇的交通、商业等营利设施，多为外来游客服务，从而具有泛地方性。

公共管理与公共服务设施用地按其使用性质分为行政管理、教育机构、文体科技、医疗保健、商业金融和集贸市场六类。具体的规模和布局要求，各个地方有不同的规定。

以广州为例，广州的公共管理与公共服务设施用地的布局体现在构建四级公共服务中心体系。第一层级为 2 处城市级主公共服务中心；第二层级为 12 处城市级次公共服务中心；第三层级为 23 处地区级公共服务中心；第四层级为 80 处组团级公共服务中心。

6.6.3 工业用地

工业用地是指城市中独立设置的各种生产建筑及其设施和内部道路、场地、绿化等用地，分为一类工业用地、二类工业用地、三类工业用地和农业服务设施用地。

一类工业用地是指对居住和公共环境基本无干扰、无污染的工业用地，可布置在居住用地或公共设施用地附近。二类工业用地是指对居住和公共环境有一定干扰和污染的工业用地。三类工业用地是指对居住和公共环境有严重干扰、污染和易燃易爆的工业用地，应布置在常年最小风向频率的上风侧及河流的下游；农业服务设施用地是指各类农产品加工和服务设施用地，不包括农业生产建筑用地。

关于工业用地需要强调的内容如下：

（1）对于已造成污染的二类、三类工业项目必须迁建或调整转产；

（2）对于新建的工业项目，应集中建设在规划的工业用地中；

（3）同类型工业用地应集中分类布置，协作密切的生产项目应邻近布置，相互干扰的生产项目应予分隔；

（4）工业用地应紧凑布置建筑，宜建多层厂房；

（5）工业用地应选址在有良好能源、供水、排水条件以及便利的交通和通信设施的场地。

以广州生产设施布局为例，广州建设以战略性新兴产业为引领、现代服务业为主导、先进制造业为支撑、都市型现代农业为补充的综合性现代产业体系。依托珠三角国家自主创新示范区，建设广深科技创新走廊（广州段）、珠江创新带，聚集全球创新资源，打造一批具有全球影响力的核心创新平台、创新节点和价值创新园区。

6.6.4　绿地与广场

绿地与广场是指用以栽植树木花草和布置配套设施，基本上由绿色植物所覆盖，并赋予一定功能与用途的场地。绿地与广场是构成城镇自然环境的基本物质要素，其质与量乃是反映城市生态质量、生活质量和文明程度的标志之一。绿地与广场作为城市用地的组成部分，通过与各类用地的组合与配置，呈现某种分布与构成形态，使其发挥多方面的功能作用，是优化城市生态环境，实施可持续发展的重要战略与行动。

城市公共绿地主要包括公园绿地（比如市级公园）、生产绿地（比如苗圃、花圃等）、防护绿地（比如高速公路两侧的绿化）、居住绿地（比如小区游园）、附属绿地（比如道路绿化隔离带）及生态景观绿地（比如森林公园、湿地公园）等。

任务 6.7　国土空间总体规划中城乡用地构成与人均建设用地面积指标

6.7.1　城乡用地构成

要分析城乡用地构成，首先得考虑城市的规模。大、中、小城市由于人口规模不同，用地规模不同，在城乡用地的构成上也会呈现出不同。比如小城市，有城市中心、中心城区和分布在郊区的集镇，而中等城市、大城市因为城市规模变大，郊区也分为近郊和远郊。中等城市可依靠中心城区满足城市的基本功能和非基本功能，近郊与远郊一般主要布局在集镇。而大城市聚集的人口数量更大，需要设置更多的产业功能区和生活区，那么在近郊和远郊就会出现产业园区，在远郊还会设有郊县的城区，在中心城区可能也不止一个城市中心，可能存在多个城市副中心等。城市规模越大，区域性的交通设施也会增加，比如机场、高速公路等。城市规模越大，城乡用地功能的构成就越复杂。

从城市建设用地的比例来看，规范对居住用地、公共管理与公共服务设施用地、工业用地、道路与交通设施用地、绿地与广场这五类用地有一定比例规定。需要强调的是，这个比例是该类用地占城市建设用地的比例，不是城乡用地的比例。居住用地的比例是最高的，这也体现居住是城市第一职能，最高可以达到 40%。其次就是工业用地，这是城市生产的职能体现，如果是工业城市，其工业用地的比例最高能达到 30%，特殊情况还可适当提高。对于公共管理与公共服务设施用地、道路与交通设施用地、绿地与广场用地则更注重下限的控制，是满足居民生活方便、环境宜居的重要保障。

6.7.2　人均建设用地面积指标

人均建设用地面积指标与现状人均建设用地面积指标、城市所在气候区、规划人口规模都有密切的关系。在规范中具体给出了允许采用的面积指标和允许调整的幅度。

确定城市人均建设用地面积跟城市所在的气候区有直接关系（见表 6-1）。规划人均建设用地面积指标表时，根据第二列对照城市现状的人均建设用地面积指标判断现状的指标是否合理。第三列是标准规范给定的可取值范围，但这个范围也不是固定不变的，应根据第四列当中不同的城市规模来进行浮动。城市规划的人口规模越大，人均建设用地指标就可以适当小一些。

表 6-1　规划人均建设用地面积指标/（米²/人）

气候区	现状人均建设用地面积指标	允许采用的规划人均城市建设用地面积指标	允许调整的幅度		
			规划人口规模 ≤20.0 万人	规划人口规模 20.1 万～50.0 万人	规划人口规模 >50.0 万人
Ⅰ、Ⅱ、Ⅵ、Ⅶ	≤65.0	65.0～85.0	>0.0	>0.0	>0.0
	65.1～75.0	65.0～95.0	+0.1～+20.0	+0.1～+20.0	+0.1～+20.0
	75.1～85.0	75.0～105.0	+0.1～+20.0	+0.1～+20.0	+0.1～+15.0
	85.1～95.0	80.0～110.0	+0.1～+20.0	−5.0～+20.0	−5.0～+15.0
	95.1～105.0	90.0～110.0	−5.0～+15.0	−10.0～+15.0	−10.0～+10.0
	105.1～115.0	95.0～115.0	−10.0～−0.1	−15.0～−0.1	−20.0～−0.1
	>115.0	≤115.0	<0.0	<0.0	<0.0
Ⅲ、Ⅳ、Ⅴ	≤65.0	65.0～85.0	>0.0	>0.0	>0.0
	65.1～75.0	65.0～95.0	+0.1～+20.0	+0.1～20.0	+0.1～+20.0
	75.1～85.0	75.0～100.0	−5.0～+20.0	−5.0～+20.0	−5.0～+15.0
	85.1～95.0	80.0～105.0	−10.0～+15.0	−10.0～+15.0	−10.0～+10.0
	95.1～105.0	85.0～105.0	−15.0～+10.0	−15.0～+10.0	−15.0～+5.0
	105.1～115.0	90.0～110.0	−20.0～−0.1	−20.0～−0.1	−25.0～−5.0
	>115.0	≤110.0	<0.0	<0.0	<0.0

注：1. 气候区应符合《建筑气候区划标准》（GB 50178—1993）的规定，具体应按本标准附录 B 执行。
　　2. 新建城市（镇）、首都的规划人均建设用地面积指标不适用本表。

我国分为多个气候区，包括严寒地区、寒冷地区、夏热冬冷地区、夏热冬暖地区、温和地区。在不同的气候区，当地的日照条件、气温条件等都不相同。以日照为例，北方的日照间距明显大于南方，那么在居住用地的布局上呈现出的建筑密度也会有较大的区别，这就直接影响了人均居住用地的值。对应前面讲到的规划人均建设用地指标，不同的气候区就应该有不同的取值范围。

对于人均建设用地指标还有一些特殊的情况。比如新建城市的规划人均建设用地面积指标宜为 $85.1\sim105.0$ 米^2/人。首都的规划人均城市建设用地面积指标应为 $105.1\sim115.0$ 米^2/人。边远地区、民族地区城市（镇）以及部分山地城市（镇）、人口较少的工矿业城市（镇）、风景旅游城市（镇）等，如不符合上表规定时，应专门论证确定规划人均建设用地面积指标，且上限为 150.0 米^2/人。

除了总的人均建设用地标准，还有一些单项用地人均面积标准。比如人均居住用地面积根据气候区的不同，为 $23\sim38$ 米^2/人，人均公共管理与公共服务设施用地面积应不小于 5.5 米^2/人。人均道路与交通设施用地面积应不小于 12.0 米^2/人。人均绿地与广场用地面积应不小于 10.0 米^2/人，其中人均公园绿地面积应不小于 8.0 米^2/人。

任务 6.8　国土空间总体规划中城乡用地适用性评价

6.8.1　用地与自然环境之间的关系

古代城乡选址大多寻求适合的自然环境，比如村落的选址大多依山傍水，逐水而居。历代都邑、村镇与宫宅的建设，大都选择背山面水、趋利避害、自然环境阻力最小的地方。从春秋《管子·乘马》中的"凡立国都，非于大山之下，必于广川之上。高毋近阜而水用足，下毋近水而沟防省。因天时，就地利，故城郭不必中规矩，道路不必中准绳"，可以清晰地看出，城乡选址与地势、山、水有着密切的关系。

实际上，近现代的城乡用地选择还是跟自然环境密不可分，可以从三个方面分析自然环境与城市用地之间的关系。

首先，自然环境的条件会影响城市职能的发挥，比如拥有水运条件的城市更有利于形成港口、商贸城市；再比如拥有矿产资源的城市有利于形成资源型城市。

其次，自然条件的变迁会影响城市的兴衰。以楼兰为例，楼兰名称最早见于《史记》，曾经为丝绸之路必经之地，现只存遗迹，地处新疆巴音郭楞蒙古自治州若羌县北境，罗布泊的西北角、孔雀河道南岸 7 千米处。由于孔雀河的改道，罗布泊水域萎缩，生存环境日益恶劣。约公元 422 年，楼兰城民众迫于严重干旱，遗弃楼兰城，逐渐南移。公元 448 年，北魏灭鄯善国。前后经历了 600 余年的鄯善国（即楼兰国），至此灭亡。从这个例子，我们可以看到，楼兰因为自然环境的改变，城市不复存在。

最后，自然环境条件还关系到城市的空间形态和形象特征。以广州为例，广州古城北边白云山、南边珠江，自然条件决定了古城的形态。

6.8.2 自然环境条件分析

自然环境对规划和建设具有深刻的影响，因此对自然环境的分析就成为城乡规划基础工作之一。自然环境条件分析包括资料勘察、收集及按需要进行整理、分析和研究。

自然环境要素有地质、水文、气候、地形、植被和地上地下的自然资源。这些要素以不同的程度、方式和范围对城市产生着影响。

鉴于城市是自然演进和人文改造适应自然的综合产物，城市自然环境的原生状态和人为开发活动所影响的状态是共同存在并相互作用的。

自然环境条件对城市规划与建设的影响分析还需考虑一些其他情况。第一，由于地域的差异，自然条件的不同，同样的自然要素对不同的城市的影响并不相同，在城市自然环境条件分析中应着重于主导要素，研究它的作用规律与影响程度。第二，有些自然要素的影响。需要超越所在的局部地域，从更大的区域范围来评价其利弊。第三，各种自然环境要素之间，有的有着相互制约或抵消的关系，有的则相互配合加剧了某种作用。

从自然环境条件分析的内容看，包括地质条件分析、水文与水文地质条件分析、气候条件分析、地形条件分析这四类分析。地质条件分析包括地基承载力分析和地质灾害分析；水文与水文地质条件包括水文分析和水文地质条件分析；气候条件分析包括太阳辐射、风向、温度、降水与湿度等分析；地形条件分析包括高度、坡度和地貌等分析。

1. 地质条件分析

（1）地基承载力。

地质条件分析的首要任务是了解地基承载力。不同地基对建筑物的承载力不同，这会影响城乡规划的用地布局。比如，沿海地区淤泥地基由于承载力低就不适用于布局建设用地等。

工程地质分析不仅限于地表土层，还需考虑深层地质条件。例如，具有可溶性岩石（如石灰岩、盐岩、石膏等）地质构造地区，需考虑地下溶洞分布。条件适合的溶洞，可利用作为城市人防、地下活动或储存场所。比如，遵义市依托山体洞穴、地下溶洞建设人防工程。具有矿藏的地区，需考虑矿藏埋藏和开采的区域条件。因此，矿产资源的分布与开采也会影响到城乡用地的选择和形态布局，尤其是产业用地。

（2）地质灾害的分析。

滑坡是指斜坡上的岩土体在重力作用下整体向下滑动的地质现象；崩塌是指斜坡上的岩土体突然崩落、滚动，堆积在山坡下的地质现象。滑坡和崩塌常常相伴而生，有着相同的触发因素。选择城乡建设用地时应避免不稳定的坡面，用地规划应确定滑坡地带与稳定用地边界的距离，采取相应措施避免滑坡与崩塌。

冲沟是由间歇性流水在地表冲刷形成的沟槽。冲沟切割用地，对土地使用不利。道路线穿越或者平行于冲沟时，应增加土石方工程或桥涵、排洪工程。用地选择时应分析冲沟的分布、坡度、活动与否，采取相应的治理措施，如对地表水进行导流或通过绿化、修筑护坡工程等，防止沟壁水土流失。

地震是一种自然地质现象，在可能发生较强地震的地区，地震是城乡规划必须考虑的问题之一，影响城乡用地选择、规划布局、具体的建筑布置，以及各项工程的抗震设防等。一般用"震级"和"烈度"这两个词来描述发生的地震。震级是地震大小的一种度量，根据地震释放能量的多少来划分，用"级"来表示。烈度用来衡量地震破坏程度。震级越大、震源越浅，烈度也越大。一般震中区的破坏最重，烈度最高，这个烈度称为震中烈度。

目前对地震只能消极预防，减轻破坏程度。在城乡规划中防震的措施有以下几点。

一是确定地震烈度，制定设防标准。城乡规划应包括抗震防灾专项规划。根据《中国地震动参数区划图》和《建筑工程抗震设防分类标准》，确定建设地区的地震烈度，制定各项建设工程的设防标准。基本烈度是指 100 年内该地区可能遭遇的地震最大烈度。设计烈度则是在基本烈度基础上，结合具体地区地质情况做出增减后确定的小区域烈度标准。地震动峰值加速度表示发生地震时建筑物受到最大地震作用力的大小，该值越大，表明建筑物的潜在可能受损程度越大。

二是避免在强震区建设城市和村庄，烈度 9 度以上地区不宜选作建设用地。

三是按用地的设计烈度来布局安排各类用地和设施。比如重要工业不宜放在软弱地基、古河道或易滑塌地区；通信、消防、公安、救护等机构要有较高的设防标准和适宜的位置，对外交通联系保证畅通，等等。

2. 水文与水文地质条件分析

水文条件分析涵盖江河等水体的水面宽度、水深、水位、流速、水质和流量等方面。

建设实践中，对水文条件考虑不足会造成不良后果。比如修建水闸不考虑水文条件，可能会导致航道淤积；再比如，污水排放口未考虑水文条件会导致污染。此外，沿着江河布局的城乡，常会受洪水的威胁；"地上河（如黄河）"对周边城乡造成严重威胁。

那么基于水文条件的分析，建设用地选择时要按照洪水频率，利用较高地形，同时避开在洼地、滞洪区建设。不同地区、设施按《防洪标准》设定防洪等级。

除了水文条件分析，还需要有水文地质条件分析。地下水资源对城乡建设用地选址、确定工业建设项目和城乡规模有重要意义。地下水分为上层滞水、潜水和承压水。大气降水为潜水的主要补给来源，而承压水是主要供水水源。以地下水作为水源的城市和村镇，应根据地下水的补给量决定开采的水量。地下水的不合理利用可造成地面沉降。

3. 气候条件分析

气候条件包括太阳辐射、风向、温度、降水与湿度。

（1）太阳辐射。

太阳辐射影响建筑日照间距和朝向、遮阳设施及各项工程的热工设计。建筑日照间距就是基于太阳辐射的分析得出的，而日照间距与用地内的建筑密度、用地指标和规模息息相关。

（2）风向。

风对于城乡规划与建设有着多方面的影响，如防风、通风、工程的抗风设计等。特别是在环境保护方面，由于其与风向的密切关系，对城市风气候的研究已成为一个重要课题。我国东部地区冬季盛行偏北风，夏季偏南风；西南地区夏季多西南风。如果全年只有一个盛行风向，且与此相对的方向风频最小，或最小风频风向与盛行风向转换角大于 90 度，则工业区布置在最小风频风向的上风向；如果全年有两个方向的盛行风向，应避免使有污染的工业处于两盛行风向的上风方向，工业及居住区一般可布置在盛行风向的两侧。在进行建设用地布局、道路走向和绿地分布时，考虑与城市盛行风向的关系，可留出楔形绿地、风道等开敞空间，来保障自然通风。有些局部地区会产生地方风，比如城市风、山谷风、海陆风、山地背风面涡流，在城市布局中也应充分考虑。

（3）温度。

温度也是气候条件分析要素之一。工业用地选址，既要考虑工业工艺的适应性与经济性；也需要根据气温考虑城市降温、采暖等设施布局等。

热岛效应，城市气温上升，对城市环境带来影响，那么在规划时，应重视用地布局与建筑密度控制，保持水面，建设绿地等开敞空间。

（4）降水与湿度。

降水与湿度也是进行气候条件分析不可或缺的部分。比如：雨量多少与降水强度对城市排水设施影响突出；山洪给建设用地选择及防治工程带来挑战。在滨水地区须密切关注防洪排涝，对降水量进行历年数据分析，并采取相应的设防标准；而在山区就得考虑山洪的防治，防止因降雨量过大造成泥石流等灾害。

4. 地形条件

城市各项工程建设总是要体现在城市用地上。不同的地形条件，对规划布局、道路走向和线形、各种工程的建设及建筑组合布置、城市的轮廓和形态等都有一定的影响。经过规划与建设，可对自然地貌进行某种程度的塑造，而呈现出新的地表形态。地形条件对规划与建设有五个方面的影响。第一，地形会影响城乡规划的布局、平面结构和空间布置，如河谷地带、低丘山地和水网地区，往往展现出不同的布局结构。第二，地面的高程和用地各部位之间的高差是对制高点的利用、用地的竖向规划、地面排水及洪水的防范等方面的设计依据。第三，地面的坡度对规划与建设也有着多方面的影响，比如平地要求地面坡度不小于 0.3%以利于地面排水，居住用地的适宜坡度不宜大于 25% 等。第四，地形与小气候的形成有关。分析不同地形及与之相伴的小气候特点，有利于更合理地布局建筑、绿地等设施。第五，地貌对通信、电波有一定影响，比如电视广播、雷达设备等对地形都有一定的要求。

6.8.3 用地适用性评定

用地适用性评定是对土地的自然环境，按照生态系统需求、城乡规划与建设需要，进行用地的功能和工程的适宜程度，以及城乡建设的可行性与经济性的评估，为用地选择和布局提供依据。这也决定了在做用地适用性评定时必须明确和注意的事项。

（1）用地适用性评定是规划的一项基础工作，要明确它是为后续开展规划服务的。

（2）用地适用性评定需要超越狭隘的建设视野。在进行评定时，不仅要考虑建设的经济性和安全性，还需要考虑该用地在自然生态系统中的作用和意义，保证城市社会的永续发展和人类与自然的生态和谐。

（3）用地适用性评定不应只是各个环境要素单独作用的总和，而要尽可能预计到城市建设的人为影响给自然环境条件带来的变化，对用地质量可能造成的影响。

（4）要注意用地所在区域的环境背景的可能影响。比如地震、洪水侵害、地下水补给等方面的区域关联性。

（5）用地适用性评定要因地制宜。按照用地的自然特性，抓住主导环境条件，并进行分析与评价。

用地适用性评定一般分为三类：一类用地指工程地质等自然环境条件较优越，能适应各项城市设施的建设需要，一般不需或只需稍加工程措施即可用于建设的用地；二类用地指基本上可以修建的用地，由于受某种或某几种不利条件的影响，需采取一定的工程措施，改善条件后才能进行建设的用地；三类用地指用地条件极差，必须采取特殊工程技术措施后才能进行建设的用地。这里需要强调的是，用地类别的划分需要按各地区的具体条件拟定。比如甲城市的一类用地在乙城市可能只是二类用地。同时，类别的多少也要视环境条件的负载程度和规划的要求来确定，如有的分四类，有的只需要分两类即可。

用地适用性评价主要受地基承载力、地下水位、坡度、洪水淹没程度、地貌等影响。这里以平原地区的划分为例。如果地基承载力大于 $11.5 \, \mathrm{kg/cm^2}$，地下水位埋深大于 $2.0 \, \mathrm{m}$，坡度小于 10%，洪水淹没程度是在百年洪水位以上，并没有冲沟等地貌现象，那就能将其划定为一类一级用地。

在对用地进行适用性评定后，就需要在适建区、限建区和已建区范围内确定符合城市规模和性质的用地。新城市建设需要选择适宜的城址，旧城扩建也有选择所需用地的问题。城市用地选择恰当与否，关系到城市的功能组织和城市规划布局形态，同时对城市的生态友好性、建设工程经济性和城市的运营管理都有一定的影响。在进行城市用地选择时通常要考虑以下影响因素。

一是建设现状和使用，是指用地内已有建筑物、构筑物的状态，如现有村、镇或其他地上地下工程设施。在选择用地时，要充分考虑对这些现状已有构筑物的迁移、拆除的可能性，动迁的数量，保留的必要与价值，可利用的潜力及经济代价。

二是区域关系对城市用地选择的影响。当今的城市逐渐依靠区域整体的实力进行竞争，各个城市或依靠强大的经济实力辐射其他城市，或接受更高层次城市的辐射，这种辐射在空间上往往体现为空间的相互吸引。

三是重大基础设施对城市用地选择的影响。随着我国经济的快速发展，区域基础设施的建设以一种前所未有的速度健全和丰富着。在进行用地选择时，要充分考虑未来要建设的重要基础设施，以确定其对城市将产生何种影响，并制定相应的策略。

四是市政设施配套对城市用地选择的影响。市政设施主要指用地周边区域的水、电、气、热等供应网络及道路桥梁等状况。设施的容量和水平关系到相应建设的规模、建设经济以及建设周期等问题。美国城市的无序蔓延很大程度上是由于市场经济条件下，富人住区基本无视基础设施的集约使用原则，造成城市拓展无序、交通量激增，产生大量的碳排放。

五是土地利用总体规划也会影响城市用地的选择。目前进行的国土空间规划已经充分考虑土地利用总体规划和城乡规划的协调，充分考虑此影响因素。

六是生态环境与自然环境对城市用地选择的影响。城市用地的发展方向有优劣之分，可以根据自然环境条件的分析内容对其进行更细致的分析比选。

七是文化遗存对城市用地选择的影响。规划时需注意用地范围内地上、地下已发掘或待探明的文化遗址、文物古迹以及有关部门的保护规划与规定等状况。原则上，重要文化遗存都应该列入禁建区范围，但城市发展接近或包围这些遗存仍然存在一定的风险，因此，在进行城市用地选择时有相对的优势和劣势之分。

八是社会问题对城市用地选择的影响。各社会群体对于自身权利的诉求日趋强烈，可以预见在不久的将来，更多的团体会将自身的城市发展主张通过有力的方式加以表达。伴随全民财富的增长和社会主义民主建设的推进，城市用地的选择必须对社会问题给予足够的重视。

在考虑用地选择各种因素的同时，应该坚持用地选择的原则。一是守法，遵守有关法律法规和技术规范的规定。二是趋利避害，因地制宜，对用地的工程地质条件做出科学评估，结合不同功能地域对用地的空间与环境质量要求，地尽其利、地尽其用，合理利用土地资源和自然环境资源。三是保护，注意保护原有的自然资源和水系脉络、文化遗产。四是促进，体现对地方经济与产业、社会发展与和谐、区域共生与协作的支撑作用与促进作用。五是预留，新城选址既要满足建设空间和环境需要，又要为将来预留空间。此外，旧城扩建应充分利用原设施基础，节省投资。

任务 6.9　广东省国土空间总体规划

《广东省国土空间规划 2021—2035 年》提出四大规划愿景，分别是世界窗口、活力广东、诗画岭南、宜居家园。

6.9.1　规划定位

建设有中国特色的社会主义先行区、高质量发展的引领区、美丽中国建设的典范区和开放包容智慧的宜居家园。

6.9.2　规划目标

从安全、经济、和谐和文化四个方面确定发展目标，分别是更可持续、更具韧性的安全国土；更加集约、高效、开放的繁荣国土；更加协调、均衡、有序的和谐国土；更具自然和人文魅力的美丽国土。

6.9.3　总体布局

从总体布局上提出了"一核两级多支点"的国土空间开发利用格局。"一核"强化珠三角核心引领带动作用，深化珠江口东西两岸融合发展，支撑广州、深圳都市圈和珠中江一体化发展，携手港澳共建国际一流湾区和世界一流城市群，形成带动全省发展的主动力源。"两级"是指支持汕头和湛江建设省域副中心城市，支撑汕潮揭同城化和湛茂一体化发展，提升沿海经济带东西两翼发展能级，与珠三角沿海地区共同打造世界级沿海经济带。"多支点"是指增强汕尾、阳江的战略支点功能，增强北部生态发展区中心城市的综合服务功能，建设若干个重要发展支点，形成融湾发展、适度集聚、协调联动的空间发展格局。

6.9.4　空间保护格局

规划提出"一链两屏多廊道"的国土空间保护格局。"一链"指构建南部海洋生态保护链，以沿海防护林、滨海湿地、海湾、海岛等要素为主体，加强陆海生态系统协同保护和修复；"两屏"指加强北部环形生态屏障和珠三角外围屏障整体保护，筑牢以南岭山地为核心的北部环形生态屏障和以山地、森林为主体的珠三角外围生态屏障，强化水土保持、水源涵养和生物多样性维护功能；"多廊道"指形成通山达海的生态廊道网络系统，加强以重要河流水系和主要山脉为主体的生态廊道保护和建设。既挖掘存量空间资源，提高土地节约集约利用水平，实现国土空间的高效率利用，也重视生态空间格局的优化，保护和传承历史文化，达到保护与利用的平衡。

规划引导人口合理布局，按照 2035 年全省常住人口规模 3 亿，年均增长约 115 万人，城镇化水平约 80％的预测目标推进城镇发展。

（1）城镇空间布局。

在城镇空间布局上提出建设品质一流的珠三角世界级城市群；建设充满活力的中国南海岸大都市带，按照圈轴联动、融湾成带的"串珠成链式"布局要求，建设以珠三角世界级城市群为核心，汕潮揭、湛茂都市圈为两翼的中国南海岸大都市带；建设美丽永续的北部生态发展区，按照生态优先、适度集聚的"据点式"布局要求，推动北部各地市中心城区扩容提质，增强对珠三角地区和周边地区的生态服务能力，实现美丽永续发展。

（2）农业空间布局。

规划在农业空间布局上提出构建"四区一带"的农业空间格局。培育珠三角都市农业区、粤东精细农业区、粤西高效农业区、粤北生态特色农业区四大农业功能片区和蓝色农业带，打造田园宜居、乡韵浓郁、欣欣向荣的农业空间。

针对优化精细农业空间布局，提出强化"三位一体"的耕地保护，严格落实耕地保护任务，全面提升耕地质量，强化耕地生态功能，健全耕地保护补偿机制。着力推进粮食生产功能区和重要农产品生产保护区建设，提高广东水稻和天然橡胶生产能力，保障广东粮食安全和重要农产品有效供给。

针对塑造精美农村特色风貌，提出建设水清、路平、灯明、村美的洁净村庄，构建满足居民多样化需求的生活服务体系，营造村居安适、景致爽目、特色鲜明的宜居环境。保留寄托乡愁的乡村自然景观和空间肌理，形成和谐统一的村庄建设蓝图，体现广东多姿多彩的地方特色、传统文化和风土人情。

（3）生态空间布局。

在生态空间布局方面，开展生态保护红线与自然保护地优化、加强具有全球意义的生物多样性保护、以生命共同体理念引领生态系统修复治理开展六大工程，分别是南岭山地森林及生物多样性保护、南方丘陵山地带矿山生态修复和石漠化治理、粤港澳大湾区生物多样性保护、海峡西岸重点海湾和河口生态保护修复、雷州半岛典型滨海湿地生态系统保护和修复和重点流域河湖湿地生态保护修复。

任务 6.10　南雄市国土空间总体规划

6.10.1　规划成果

南雄市国土空间总体规划（2021—2035 年）成果包括一张规划底图、一张规划方案、一套技术报告、一套规划图纸和一套数据库。一张规划底图主要是前期的基础整理数据，一张规划方案是整个总体规划的核心，一套数据库是规划成果的整合。一套技术报告和一套规划图纸则是整个规划的主要内容。

具体看，技术报告包括四个板块，分别是底图底数板块、战略格局板块、县域空间保护和利用板块以及中心城区布局与规划实施指引板块。这也对应着总体规划层面的现状、战略规划、市域和中心城区四个方面的主要内容。

一套规划图纸主要包含市域图纸和中心城区图纸。市域图纸包含城镇体系规划的相关图纸。中心城区图纸涉及用地、公共服务设施、居住、绿地、交通、市政等各个专项图纸。

6.10.2　现状分析

要完成一个城镇的总体规划，首先要掌握和分析其现状。南雄是广东省韶关市的一个县级市，从第三次全国国土调查看，有四个方面的特点。一是空间广阔，开发潜力大，适宜开发建设的土地资源丰富。根据 2020 年土地变更调查，全市陆域土地总面积 2 326 平方千米。二是环境优良，资源承载力高。2020 年水资源总量 21.72 亿立方米，储蓄量稳定。森林资源种类丰富，总量稳步增长。森林覆盖率达 65.97%。三是人文荟萃，红色文化显著。2010 年，南雄市被确认为"中央苏区县"。四是产业齐全，三产较为突出。2020 年南雄市实现生产总值 116.22 亿元，同比增长 3.2%。第一产业增加值 35.63 亿元，同比增长 3.0%；第二产业增加值 23 亿元，同比增长 8.2%；第三产业增加值 57.59 亿元，同比增长 1.5%。

6.10.3　发展战略

在现状分析之后，城市总体规划需要确定城市发展的目标和定位，并制定总体策略。

（1）上层级规划分析。

为确定南雄市定位，需要对上层级规划做出分析。

首先就是要落实广东省国土空间规划的要求，比如广东省国土空间规划提出"一核两极多支点"国土开发利用格局，那南雄要如何融入进去？省国土空间规划提出"一链两屏多廊道"的国土空间保护格局，南雄市位于"两屏"中的北部环形屏障，那么南雄又要如何对接？

其次就是要落实韶关市国土空间规划的要求。韶关市国土空间规划提出"两轴三区"，南雄位于深莞韶协作发展轴，具有融入新格局的发展优势；同时，韶关市国土空间规划提出

"一主两副五特"的城镇体系结构，南雄成为主次轴交会的韶关副中心城市，那么就需要承担起该定位下的各种职能。

另外，还要从南雄新时期的一些工作和发展背景进行分析，比如国民经济和社会发展"十四五"规划、南雄市第十四次党代会、中共南雄市委十四届三次全会、南雄市推动县镇村高质量发展大会等。从这些会议和规划中提取南雄市承担的区域角色、发展目标、工作任务等。

（2）发展目标与定位。

在多方面的考虑下，确定南雄规划定位为全省苏区县域高质量发展排头兵、融入大湾区连接长三角的节点城市、粤赣区域合作试验区、北部生态发展区绿色发展实践区、广东省文化旅游融合发展示范区。发展目标分为三个时间段：至 2025 年，争做全省苏区县域高质量发展排头兵，全市生产总值突破 180 亿元，经济结构更加优化；到 2035 年，生态发展达到全省前列，全面提高水源供给、水源涵养、生物多样性等生态产品供给水平与能力，经济实力大幅跃升；展望 2050 年，物质文明、政治文明、精神文明、社会文明、生态文明全面提升，全面融入粤港澳大湾区和深圳中国特色社会主义先行示范区。

目标定位是对城市定性的分析，城市总体规划还需要对城市发展有定量的管控。规划中包含南雄各类指标的属性以及近、远期的管控要求。指标包含空间底线、空间结构与效率和空间品质三类，分为约束性和预期性两类，特别要强调约束性指标，是不能突破而必须严格遵守的指标项，比如"永久基本农田保护面积、建设用地总面积"等。

6.10.4 南雄市县域高质量发展新格局

1. 总体格局

在发展目标和定位的引领下，南雄要构建苏区县域高质量发展新格局。

首先是要形成"一核两带集聚发展，三区连片系统保护"国土空间开发保护格局。"一核"指雄州城镇发展核，打造一个雄州珠玑一体化城镇发展极核，成为市域城镇化核心平台。"两带"指北部旅游发展带和东部农业发展带，集聚小城镇发展带和农业主产区，成为兼顾镇级公共服务职能和农业服务职能的复合发展带。"三区"指西部、北部、南部生态发展区，连片系统化保护生态资源，建立以自然保护地体系为核心、完整实践生态文明理念的发展区。

第二个重要内容是重要控制线的划定，包括生态保护红线、永久基本农田保护线和城镇开发边界。一是划足划优永久基本农田，落实耕地保有量和永久基本农田保护要求，落实上级下达的永久基本农田保护任务。全市划定永久基本农田面积约 345.92 平方千米，占全市国土空间总面积的 14.87%；二是优化调整生态保护红线，以"双评价"为基础，结合自然保护地整合优化，优先将具有重要水源涵养、生物多样性维护、水土保持等功能的生态极重要区域，以及生态极敏感脆弱的水土流失等区域划入生态保护红线。全市划定生态保护红线638.75 平方千米，占全市国土空间总面积的 27.46%；三是科学划定城镇开发边界，统筹发展与安全，坚持保护优先、节约集约、紧凑发展，全市划定城镇开发边界 33.06 平方千米，占全域陆域国土空间总面积的 1.42%，中心城区划定城镇开发边界 21.81 平方千米，占中心城区面积的 30.13％。

2. 国土空间规划分区

在国土空间规划分区上，主要划分为六大区。生态保护区是指生态保护红线控制范围，包含自然公园、自然保护区以及其他具有重要水源涵养、水土保持功能的区域；生态控制区为生态保护红线以外，具有重要生态价值，需要保护的区域，包括"双评价"生态极重要地区、水源保护区、水域、天然林地等，是需要保留原貌、强化生态保护和生态建设、限制开发建设的区域；农田保护区是指南雄市永久基本农田集中分布的区域；城镇发展区为满足各类城镇发展需求、优化城镇功能和空间布局而划定的区域，其范围与城镇开发边界一致；乡村发展区是农田保护区外以满足农林牧渔等农业发展以及农民集中生活和生产配套为主的区域；矿产能源发展区是开展采矿活动的重点区域。

3. 空间布局

（1）农业空间格局。

规划提出构建"一带三区多点"农业生产格局。"一带"指浈江河谷农业产业带；"三区"指北部山区生态农业片区、中部红层沃土粤北粮仓片区和南部山区生态农业片区；"多点"指多个现代特色农业基地。

在清晰农业生产格局的同时还需要结合南雄市乡村振兴战略，坚持科学规划引导，将全市村庄分为集聚提升类、城郊融合类、特色保护类、搬迁撤并类这四类，分类推动村庄差异化有序发展。

（2）生态安全格局。

在生态安全格局方面，强调构建"一带、三区、多廊"的市域生态安全格局。

"一带"生态保护链是指依托浈江形成的市域主要生态链，自上而下横穿南雄盆地，缝合串联南北两侧多种生态要素，包括凌江、瀑布水等多条水系以及生物迁徙廊道等，与"多廊"共同构建市域生态安全网。

"三区"生态保护屏障，即"西部、北部、南部生态发展区"，也是粤北生态屏障的组成部分。西部、北部生态发展区是大庾岭山脉的重要组成部分，南部生态发展区是以青嶂山为主的大片连续山体组成。

"多廊"生态保护系统，依托主要水系、生物迁徙廊道等，打造的全市域生态廊道，形成市域生态体系连续性网络格局。以小流坑、孔江湿地公园等为核心的自然保护地，形成生态保护重要节点。

（3）城镇体系布局。

在城镇体系布局方面，打造"县级中心城市—县级一般城市—重点镇——一般镇"四级城镇等级结构体系。雄州—珠玑（主中心）为县级中心城市，乌迳镇（副中心）为县级一般城市，重点镇为黄坑镇，其他 14 个镇为一般镇。在四级体系的建构下，城镇开发要强化城镇开发边界与建设用地管控。全市划定城镇开发边界 33.06 平方千米，占全域陆域国土空间总面积的 1.42％，中心城区划定城镇开发边界 21.81 平方千米，占中心城区面积的 30.13％。

（4）城乡空间形态与风貌管控。

在城乡空间形态与风貌管控方面，强调尊重南雄市北宽南狭，南北两面群山连绵，中部盆地丘陵起伏的自然地理特征；保护南雄"南山""北山"夹盆地的大山水格局，重点保护青嶂山、梅岭等风景名胜区内的特色山体；着重保护浈江、凌江、大坪水、下洞水等自然水系，以及横江水库、孔江水库等人工水利设施；保护现状河道网络，保留浈江流域的航运功能，适当增加轮渡交通功能；并在历史文化保护和活化利用方面串联资源，统筹游径，加强多"道"衔接，共同打造全域游憩系统。

在交通方面强调打造铁路、公路、水运、航运的综合立体交通系统；在基础设施体系方面强调构建和谐供排水体系、固废低碳循环体系和高效能源网络；在矿产资源保护利用方面强调形成矿产勘查开发与保护格局，加强绿色矿山建设；同时推进生态治理与修复，并深入实施"百县千镇万村高质量发展工程"，推进城乡区域协调发展，促进乡村产业振兴。

6.10.5　中心城区规划

根据行政区划、自然地理地貌、高等级交通网络对边界进行规整，最终确定南雄市中心城区范围面积为 72.38 平方千米。

中心城区层次最核心的是中心城区的土地利用方案，结合现状条件、规划定位与目标、城市的发展战略，合理确定各类用地的用地规模和比重。

中心城区层次确定用地方案需要几个专项的支撑，包括公服、绿地、交通和市政等。公服方面主要强调完善公共服务设施与社区生活圈，合理引导居住用地布局，确定中心城区范围内各类公共服务设施的数量和空间布局。

在绿地方面强调完善城市公园绿地和开敞空间规划，形成"两带、一环、四心、多廊"的绿地空间结构。两带指凌江和浈江，一环指滨水运动环，四心指南雄中心城区的四处大型城市公园，多廊指其他带状绿地。

在综合交通体系构建上，强调从铁路、高快速路、航道、综合枢纽、公共交通系统等多层次进行交通梳理。

中心城区的规划内容中还包含市政支撑体系。提出完善多源供水系统，全面推进污水收集处理，改善水生态环境，完善电力设施，建设畅通、便捷、高效、绿色的信息网络体系，建设多源多向的供气系统。

规划对蓝线、绿线、紫线、黄线和工业用地控制线做出划定，并提出明确的管控要求。

6.10.6　实施保障

规划的最后一部分是规划实施保障的篇章，主要有三个方面的内容。一是建立规划实施传导和管控体系、完善编制体系、建立规划体检评估制度、指导约束专项规划、完善规划动态调整机制。二是确定近期行动和重大项目保障，主要是加快交通设施建设、加快农业空间提质、实施生态保护治理、落实产城融合措施、强化支撑体系建设。三是加强配套政策保障，包括落实自资统一管理、加强执法监督、健全责任追究制度。

📝 思考题

1. 简述国土空间总体规划编制的目的与意义。
2. 简述城市性质与城市职能的区别。
3. 简述"三区三线"的概念与划定原则。

项目 7　国土空间详细规划

项目概述

国土空间详细规划是以国土空间总体规划为依据，对一定时期内城镇局部地区的土地利用、空间环境和各项建设用地所作的具体安排，包括近期需要建设的房屋建筑、市政工程、公用事业设施、园林绿化、城镇人防工程和其他公共设施的规划。

国土空间详细规划分为城镇开发边界内的详细规划和城镇开发边界外的村庄规划。详细规划又细分为控制性详细规划和修建性详细规划。控制性详细规划是通过指标量化、图则限定、条文规定等方式对各控制要素进行定性、定位和定界的控制和引导，针对的是每一块用地。修建性详细规划则是按照控制性详细规划对每一块用地的各种要求和各种规范的要求，进行用地内建筑、设施等的布局。

本项目分别介绍控制性详细规划、修建性详细规划和村庄规划，并列举相应的实践案例进行说明。

学习目标

知识目标：①掌握控制性详细规划的作用、编制内容、控制指标；②掌握修建性详细规划的编制内容、步骤；③掌握村庄规划的编制层次和内容；④了解乡村振兴战略。

素养目标：①清晰明确控制性详细规划中控制指标的确定原则；②能对国土空间详细规划进行案例分析。

关键内容

重点：①国土空间详细规划的编制内容；②控制性详细规划中控制指标的确定。

难点：①对各级国土空间详细规划方案的评析；②国土空间详细规划方案的构思。

思政园地

以 人 为 本

以人为本，把人类的生存作为根本；或者，把人当作社会活动成功的基础。"以人为本"中的"人"，是描述"人"这一物种；或是描述群体中的"人"的个体。以人为本的科学内涵需要从两个方面来把握。首先是"人"这个概念。"人"在哲学上，常常和两个东西相对，一个是神，一个是物，人是相对于神和物而言的。因此，提出以人为本，要么是相对于以神为本，要么是相对于以物为本。大致说来，西方早期的人本思想，主要是相对于神本思想，主张用人性反对神性，用人权反对神权，强调把人的价值放到首位。

中国历史上的人本思想，主要是强调人贵于物，"天地万物，唯人为贵"。《论语·乡党》记载，马棚失火，孔子问伤人了吗？不问马。说明在孔子看来，人比马重要。在现代社会，无论是西方还是中国，作为一种发展观，人本思想都主要是相对于物本思想而提出来的。其次是"本"这个概念。"本"在哲学上可以有两种理解，一种是世界的"本原"，一种是事物的"根本"。以人为本的本，不是"本原"的本，是"根本"的本，它与"末"相对。以人为本，是哲学价值论概念，不是哲学本体论概念。提出以人为本，不是要回答什么是世界的本原，人、神、物之间，谁产生谁，谁是第一性、谁是第二性的问题，而是要回答在我们生活的这个世界上，什么最重要、什么最根本、什么最值得我们关注。以人为本，就是说，与神、与物相比，人更重要、更根本，不能本末倒置，不能舍本求末。"百年大计，教育为本；教育大计，教师为本"，以及"学校教育，学生为本"等，都是从"根本"这个意义上理解和使用"本"这个概念的。科学发展观将以人为本作为万事万物的开端，强调人的重要性，第一要义是发展，核心是以人为本，其基本要求是全面协调可持续，根本方法是统筹兼顾。

任务 7.1 控制性详细规划

7.1.1 控制性详细规划的作用

（1）控制性详细规划在规划体系中的地位。

控制性详细规划在规划体系中起承上启下的作用：总体规划在其上，要以总体规划为依据；修建性详细规划在其下，要指导修建性详细规划的编制。控制性详细规划作为衔接城镇总体规划和场地设计的一个重要环节，以量化指标将总体规划的原则、意图、宏观规划转化为对城镇建设地块的可操作的指标，使规划建设和规划管理、城镇土地开发相衔接。

（2）控制性详细规划在规划管理中起到的作用。

控制性详细规划是规划管理的法定依据，土地出让中，城乡规划主管部门需要依据已批控制性详细规划给出土地出让条件，明确土地性质、功能、开发强度等；在土地开发建设前期，城乡规划主管部门需要依据已批控制性详细规划核发建设用地规划许可证和建设工程规划许可证；在城市风貌营造上，城乡规划部门也应以控制性详细规划为依据，参考控制性详细规划给定的引导性指标。

（3）控制性详细规划是城镇公共政策的载体。

控制性详细规划是管理城镇开发建设、土地资源利用的一项公共政策，包含了城镇用地结构、产业结构、人口的空间分布、生态环境保护等方面的政策性内容。

（4）控制性详细规划可以提出城市设计构想。

控制性详细规划通过地块开发控制，可提出城市设计构想，引导环境景观设计、建筑单体设计。

7.1.2　控制性详细规划的任务

详细规划的主要任务是将总体规划转化为可操作的实施路径，协调国土空间利用的多方诉求。一般来说，规划的基本任务包括以下几个方面。

（1）落实国土空间总体规划要求。

详细规划是对国土空间总体规划要求的细化落实，是对行政辖区内国土空间开发保护活动做出的具体安排，与上位规划相衔接，并对其进一步分解和落实。

（2）明确发展定位、规划目标。

明确城市地区的发展定位，综合考虑现状问题、已有规划及外在环境等因素，制定所涉及地区的发展定位及国土空间开发建设的各项规划目标。明确基础设施等建设项目安排，并将用地、公共服务设施、市政公用设施和环境质量等方面的配置落实到各地块，为实现所涉及地区的发展定位提供保障。

（3）确定建设控制指标。

为所涉及地区制定完善的指标管控体系，将建设项目规模、强度、空间容量等指标进行落实、细化，将其作为法定规划管理依据，直接引导和控制国土空间的各类开发、利用及建设活动。

（4）国土空间用途管制。

规划需划定用地分区并制定管制规则，优化国土空间利用结构，通过用途变更许可制度，实现对国土空间用途的管制。在城镇开发边界内的建设，采用"详细规划＋规划许可"的管制方式。实行国土空间用途管制是合理配置和有效利用国土空间资源的重要手段。

（5）加强中心城区管控。

划定城镇开发边界，确定开发建设的区域，即详细规划主要对接的区域。在开发边界内重点划分生产、生活、绿化等几大功能片区，加强对中心城区的管控，确定空间结构。明确划定城市红线、黄线、蓝线、绿线、紫线，建立城市线控体系，提出分级管控和规划传导要求。同时，根据所涉及地区经济发展的现状和战略需要，对该地区建设空间做出规划，使之形成一个与经济结构相适应的合理的国土空间开发结构，明确各类基础设施、公共服务设施和开发建设等项目的安排，满足国土空间用途管制要求的同时，对相应的开发强度、建设空间做出要求。

（6）制定规划实施政策措施。

国土空间详细规划一经批准，必须严格执行。国家通过国土空间规划协调国民经济各部门的国土空间开发利用活动，在各部门合理分配国土空间资源，解决部门间存在的严重用地矛盾和国土资源浪费问题。以落实共同责任为基础，完善规划实施保障措施，强化国土空间详细规划的控制作用，落实差别化的国土空间开发利用计划政策，建立国土空间详细规划的动态调整机制，确保国土空间详细规划目标的实现。

7.1.3　控制性详细规划的内容

控制性详细规划包含以下几个方面的内容。

（1）详细规定所规划范围内各类不同性质用地的界线，即地块用地线。

（2）规定各地块的控制指标。这一部分是控制性详细规划的核心内容之一，是规划管理的重要依据。

（3）确定各级道路的红线位置、控制点坐标和标高。这部分内容有助于修建性详细规划的编制和实施。

（4）根据规划容量，确定工程管线的走向、管径和工程设施的用地界线。

（5）制定相应的土地使用及建筑管理规定。

（6）提出各地块的建筑体量、体型、色彩等城市设计指导原则，更好地指导实施。

7.1.4　控制指标体系

控制性详细规划的核心内容是控制指标体系的确定。控制指标分为规定性控制要素和引导性控制要素。

规定性控制要素按照土地使用、环境容量、建筑建造、配套设施和行为活动进行细分。在土地使用上，主要确定面积、边界、性质、兼容性这四个指标项；在环境容量方面，主要确定容积率、建筑密度、人口密度和绿地率四个指标项；在建筑建造方面，需要确定跟建筑有关的建筑限高、建筑后退、建筑间距这三个指标项；在配套设施方面主要是考虑市政设施和公共设施的配套要求；在行为活动方面，主要考虑交通活动如禁止开口路段、出入口方位等。

引导性控制要素主要是结合城市设计引导，可分为建筑体量、建筑形式和色彩、建筑空间组合、建筑小品几个指标项。引导性指标不做约束性规定。

1. 用地面积

用地面积（A_p）即建设用地面积，是指由城市规划行政部门确定的建设用地边界线所围合的用地水平投影面积，包括现状建设用地面积及新增建设用地面积，不含代征用地面积。用地面积是控制性详细规划中各种规定性指标要素计算的基础。在用地面积的计算中，必须特别注意的是用地面积和征地面积（A_g）是有区别的。用地面积是容积率、建筑密度等指标的计算基础；征地面积是由土地行政主管部门划定的征地红线围合面积，包含用地面积和代征用地面积两部分。显然，代征用地面积＝A_g－A_p。图 7-1 所示为征地边界线和用地边界线，分别用长虚线（所围部分为征地面积）和短虚线（所围部分为用地面积）表示。

代征用地是指由城市规划行政部门确定范围后，由建设单位代替地方政府办理集体所有土地征用或国有土地使用权划拨手续，并负责拆迁现状地上建构筑物、安置现状居民和单位后，最终交由市政、交通、绿化等行政部门管理的公共用地。通常包括道路、绿化等公共设施用地。

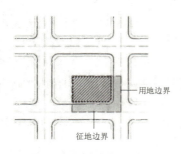

图 7-1　征地线与用地线

2. 用地性质

用地性质是对城市规划区内的各类用地所规定的使用用途。用地性质包含两方面的意思：一是土地的实际使用用途，如绿地、广场等；二是附属于土地上的建（构）筑物的使用用途，如商业用地、居住用地等。大部分用地的使用性质需要通过土地上的附属建构筑物的用途来体现。用地性质统一按照《国土空间调查、规划、用途管制用地用海分类指南》进行分类。

3. 土地使用兼容性

土地使用兼容性包括两方面含义。其一是指不同土地使用性质在同一土地中共处的可能性，表现为同一块城市土地上多种用地性质综合使用的允许与否，反映不同土地使用性质的亲和度与矛盾性。就这个意义而言，也可以用"土地使用相容性"来替换。其二是指同一土地使用性质的多种选择与置换的可能性，表现为土地使用性质的弹性、灵活性与适建性，主要反映该用地周边环境对于该地块使用性质的约束关系。

土地使用性质的兼容主要由用地性质和适建范围规定表来反映，给规划管理提供一定程度的灵活性。适建范围规定表目前尚无法定的统一格式，各地一般根据具体情况和实际建设需求制定。需要注意的是，土地使用性质的兼容并不是无区别的兼容，同一块土地上有多种使用性质兼容时，应当分清主体性质和附属性质，不能过于强调兼容性质的开发，而忽视了土地本身已经确定的使用性质。

4. 容积率

容积率又称楼板面积率（floor area ratio，简称 FAR），或建筑面积密度，是衡量土地使用强度的一项指标。FAR 用地块内所有建筑物的总建筑面积之和（A_r）与净用地面积（A_l）的比值表示：

$$FAR = A_r / A_l$$

容积率可根据需要制定上限和下限。容积率的下限保障开发商的利益，可综合考虑征地价格和建筑租金的关系；容积率上限防止过度开发带来的城市基础设施超负荷运行以及环境质量下降。

（1）单一性质用地的容积率计算方法。

单一性质用地的容积率计算方法比较简单清晰，即

$$容积率 = \frac{总建筑面积（地上）}{建设用地面积}$$

（2）混合用地的容积率计算方法。

混合用地因涉及多种用地性质，在其容积率指标的确定中需要考虑各种用地性质的具体需要和比例问题。当计算一个比较复杂的地块容积率时，应参考各个地方规范的规定。以商住综合用地的容积率指标计算方法为例，《佛山市城市规划管理技术规定》中采取如下计算方法。

商住综合楼（或商办综合楼）的容积率控制指标，按不同性质的建筑面积比例换算而

成，其建筑密度按照相关规定执行。高层商住综合楼商业用房的建筑面积应至少占总建筑面积的 10%，不足 10% 的，其容积率和建筑密度的控制指标按高层居住建筑的规定执行；多层商住综合楼商业用房应占两层以上（含两层），仅设底层商店的，其容积率和建筑密度控制指标按多层居住建筑的规定执行。

其中，综合楼容积率指标的换算按下式计算：

$$A = (A_1 \times M_1 + A_2 \times M_2) / M$$

式中：A 为折算的容积率；A_1 为商业建筑容积率指标；M_1 为商业建筑面积；A_2 为居住（或办公）建筑容积率指标；M_2 为居住（或办公）建筑面积；M 为商住综合楼（或商办综合楼）的总建筑面积。

5. 建筑密度

建筑密度是指规划地块内各类建筑基底面积占净用地面积的比例，可以反映一定用地范围内的空地率和建筑密集程度。

建筑密度 =（规划地块内各类建筑基底面积之和/净用地面积）×100%

与容积率概念相区别的是，它注重的是建筑基底面积，反过来理解就是表示了一个地块除建筑以外的用地所占的比例。建筑密度着重于平面二维的环境需求，保证一定的空地率、绿地率。建筑密度通常指建筑物的覆盖率，为了保障居民有足够的室外活动空间，一般控制其上限。

6. 绿地率

绿地率指规划地块内各类绿化用地总和占净用地面积的比例，是衡量地块环境质量的重要指标。

绿地率 =（地块内绿化用地总面积/净用地面积）×100%

绿地率指标以控制其下限为准。这里的绿地包括公共绿地、中心绿地、组团绿地、公共服务设施所属绿地和道路绿地（道路红线内的绿地），不包括屋顶、晒台的人工绿地，公共绿地内占地面积不大于百分之一的雕塑、亭榭、水池等绿化小品建筑可视为绿地。

通过绿地率的控制可以保证城市的绿化和开放空间，为人们提供休憩和交流的场所。

7. 建筑限高

建筑高度一般指建筑物室外地面到其檐口（平屋顶）或屋面面层（坡屋顶）的高度。为了克服经济利益的驱动而盲目追求建筑高度，造成千篇一律的城市景观，并根据建筑物所处不同区位及其对城市整体空间环境的影响程度，规划部门需要对建筑建造提出一个许可的最大限制高度，这就是建筑限高这一指标的由来。

（1）建筑物高度的确定原则。

①符合建筑日照、卫生、消防和防震抗灾等要求。

②符合用地的使用性质和建（构）筑物的用途要求。

③考虑用地的地质基础限制和当地的建筑技术水平。

④符合城市整体景观和街道景观的要求。

⑤符合文物保护建筑、文物保护单位和历史文化保护区周围建筑高度的控制要求。

⑥符合机场净空、高压线及无线通信通道（含微波通道）等建筑高度控制要求。

⑦考虑在坡度较大的地区，不同坡向对建筑高度的影响。

（2）建筑高度的确定与计算。

①平屋面建筑：挑檐屋面的建筑，其建筑高度为自室外自然地坪（或室外地面）计算至檐口顶加上檐口挑出宽度；带女儿墙屋面的建筑，其建筑高度为自室外自然地坪（或室外地面）计算至女儿墙顶。（见图 7-2）

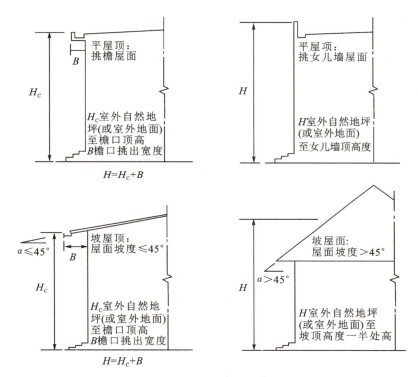

图 7-2　建筑高度计算

注：H 为计算建筑间距的建筑高度。

②坡屋面建筑：屋面坡度小于或等于 45°的建筑，其建筑高度为自室外自然地坪（或室外地面）计算至檐口顶加上檐口挑出宽度；屋面坡度大于 45°的建筑，其建筑高度为自室外自然地坪（或室外地面）计算至坡顶高度一半处高。（见图 7-2）

③在以下两种情形下，水箱、楼梯间、电梯间、机械房等突出屋面的附属建筑的高度应计入建筑高度：附属建筑的单边边长大于对应主体建筑边长的 1/2；两个以上附属建筑同一单边累加边长大于对应主体建筑边长 1/2，且水平投影面积之和超过屋面水平投影面积 1/4。

8. 建筑后退

建筑后退是指在城市建设中，建筑物相对于规划地块边界和各种规划控制线的后退距离，通常以后退距离的下限进行控制。建筑后退控制线和用地红线一样，也是一个包括空中和地下空间的垂直的三维界面。

建筑后退主要包括退线距离和退界距离两种。退线距离是指建筑物后退各种规划控制线（包括规划道路、绿化隔离带、铁路隔离带、河湖隔离带、高压走廊隔离带）的距离；退界距离是指建筑物后退相邻单位建设用地边界线的距离。其目的有三：

①避免城市建设过程中产生混乱；

②保证必要的安全距离；

③保证必要的城市公共空间和良好的城市景观。

7.1.5　控制性详细规划的成果要求

《城市规划编制办法》对控制性详细规划的成果有相应的要求，每个地方还会给出更符合地方规划管理的更详细的要求。一般规定控制性详细规划的成果由文本、图件（包括图纸和图则）和附件（包括规划说明书及基础资料）三部分组成。

无论文本、图纸还是规划说明书，基本都按照从现状到规划、从用地到各支撑专项的顺序展开。以图纸部分为例，包括区位图、规划用地现状图、土地利用规划图、道路交通及竖向规划图、公共服务设施规划图、绿地系统规划图、工程管线规划图、环卫环保规划图、地块划分编码图和细分的分图则。

任务 7.2　湛江海东新区起步区控制性详细规划

7.2.1　项目概况

项目范围主要是海东新区城市起步区。北起龙王湾，南接海湾大道，西临麻斜海，东至坡头镇，总面积 1 982.72 公顷。规划区总人口约 24 万人。

7.2.2　功能定位

（1）发展定位。

《湛江市城市总体规划（2011—2020 年）》指出海东新区在湛江一湾两岸规划结构中，是城市中心东拓的重要空间载体；《广东湛江海东新区发展总体规划（2013—2030 年）》中指出本次规划范围是公共服务核心圈层的主要区域。通过对上位规划的分析，本次规划确定的发展定位为湛江推进城市东进战略、促进城市扩容提质的主战场；与海湾西岸功能互为补充的城市主中心。

（2）功能选择。

与定位相吻合，在功能上，规划区需要强化海东新区发展总体规划提出的总部经济、金融服务、商业贸易等现代服务功能，同时还需要满足城市功能完善的需求，在旅游休闲、创意产业、生态居住等功能上进行培育。

7.2.3　空间谋划

（1）规划构思。

具体方案的构思主要来源于对水的处理，比如保留规划区中部的南北向水系，塑造规划区西部的港湾。这也与上位规划的要求紧密相关。

对于水的利用，要基于资源禀赋进行差异化利用。比如在滨海主界面的塑造，最优质景观的滨水地区应该是公共的、开放的，为广大市民和游客提供优质的公共休闲活动场所，打造成为湛江"品"字形金色海湾的重要组成部分。再比如，中部水系可打造富有层次和活力的生活岸线。景观次优质的内湾地区应合理布置居住、生活服务用地和开敞空间，通过不同功能、不同强度用地有序布置，打造多功能、富有层次和活力的地区。

联系两个水系空间，践行"引水入城"的设计理念。

（2）空间结构。

通过水的串联，最终形成"魅力港湾、轴线拓展、有机生长"的空间布局结构。规划区由轴线划分成环海湾核心功能组团、体育休闲组团、中部综合服务组团、生活服务组团、商贸会展组团和生态居住社区。公共服务设施基本集中在西部海岸线和中轴线上，包含商贸会展、商业中心、地标酒店、奥体中心、规划展览馆、文化中心等；在居住片区，合理布局社区级公共服务设施，满足宜居要求；东部水系采用自然形态设计，打造生态水乡组团，设置游乐园、游船码头等。

（3）用地布局。

整体方案，居住用地 411.33 公顷，占建设用地 24.45%；公共服务设施用地占建设用地 11.61%；商业服务业设施用地占建设用地 16.59%；绿地广场用地的比例达到 21.64%，基本与片区功能定位相符合。

7.2.4　配套设施

（1）交通设施。

在交通设施方面，道路系统规划形成"一环绕湾、纵横成网、等级层次分明"的开放性交通网络骨架。设公交枢纽站 1 处，公交首末站 6 处，服务半径为 800 米；设加油加气站 5 座，服务半径为 900～1 200 米，满足规范要求；规划范围内共设公共停车场 26 个，总用地 19.23 公顷，人均用地 0.8 平方米，服务半径为 300 米。

（2）生活服务设施。

生活服务设施方面，教育设施包含 1 所市级示范高中，1 所普通高中，7 所初中和 13 所小学，均确定了具体用地；医疗设施按照服务人口设置了 1 所片区级综合医院，4 所社区卫生服务中心。

（3）市政设施。

在市政设施方面，给水依靠规划范围外新建的一座 30 万 m^3/d 的水厂；污水处理通过规划范围东侧一座规模 15 万 m^3/d 的污水处理厂；在电力方面共设置 1 座用户站和 4 座公用 110 kV 变电站。

7.2.5　特色营造

总结方案的特色为"城在海湾、城海交融"。海与城的关系，一方面体现在滨水的城市天际轮廓线，另一方面体现在强化规划区与周边海域和水系的关联，使整个规划区环境能与周边的自然环境相融合。

在建筑风格方面形成风貌分区，分别为现代都市建筑风貌区、滨海特色建筑风貌区和简欧居住建筑风貌区。虽然根据建筑功能和所处位置的不同进行了分区，但仍然强调采用相对统一、凸显滨海特色和地方文化特色的建筑风格。

在现代都市建筑风貌区，重点打造内湾地区，通过商业、金融建筑、滨海休闲旅游项目、滨海步道的建设，营造滨海气息浓厚、空间丰富多彩的中心区景观。

在滨海特色建筑风貌区，强调新区的门户地区，重点突出滨海环境特色，立面明快，外形飘逸，造型借用海洋要素，如风帆、海洋生物等，形成独具一格的滨海城市风貌。该片区将建设标志性建筑和景观，成为新区的形象代表。

在简欧居住建筑风貌区，继承和发扬湛江近代建筑文化，总体定位为"简欧式"的建筑风格，采用新的材质和表现形式，融入具有现代功能的建筑中，同时适当采用岭南建筑的要素，共同体现湛江市的传统历史文化特征。

任务 7.3　修建性详细规划

7.3.1　修建性详细规划的任务

对于一块用地开发，编制修建性详细规划（边界内）的阶段基本处于项目近期需要进入开发建设阶段。编制修建性详细规划的目的是直接对建设项目做出具体的安排和规划设计。具体来说，修建性详细规划是以城市总体规划、分区规划和控制性详细规划为依据，针对当前需要建设的地区制定用以指导各项建筑和工程设施设计和施工的规划设计。

7.3.2　修建性详细规划的编制内容

修建性详细规划的编制内容主要包括八个方面。一是建设条件分析和综合技术经济论证。这一部分主要是设计前期的分析，目的是找准项目特点和定位。二是建筑的空间组织、环境景观规划设计和总平面布置。这一部分是修建性详细规划的核心内容，是方案部分。三是对住宅、医院、学校和托幼等建筑进行日照分析。这一部分是对方案在日照方面的论证，要保障方案的合理性。四是道路交通规划设计，包括道路红线宽度、道路横断面设计、道路控制点的标高等内容，以保障后续施工的可实施性。五是绿地系统规划设计。六是工程管线规划设计，包括电力电信、给水排水、燃气等市政工程的管线管径的安排。七是竖向规划设计。这是进行工程设计的基础，是后续施工可行性的保障。八是估算工程量、拆迁量和总造价，为预估投资效益提供依据。

7.3.3　修建性详细规划的成果

修建性详细规划的成果需要城乡规划行政主管部门审批，包括设计说明书和图纸两大部分。

设计说明书是对项目各个部分所作的详细说明（比如方案怎么形成的，为什么要这么做方案，这样做方案有什么优点），最终清晰展现出修建性详细规划各部分内容。

图纸作为修建性详细规划成果的重要部分，比文字说明更直观，主要包含九方面图纸。区位图标明规划地段在城市的位置以及与周边地区的关系；现状图标明自然地形地貌、道路、绿化、工程管线及各类用地和建筑的范围、性质、层数、质量等；规划总平面图标明规划建筑、绿地、道路、广场、停车场、河湖水面的位置和范围，建筑平面轮廓、用途、层数；道路交通规划图标明道路的红线位置、横断面、道路交叉点坐标、标高、交通设施及停车场用地界线；绿化景观规划图标明绿地范围，并进行景观分析；竖向规划图标明道路交叉点、变坡点控制高程，室外地坪规划标高；综合工程管网规划图标明各类市政公用设施管线的平面位置、管径、主要控制点标高，以及有关设施和构筑物的位置、用地、容量；透视图和鸟瞰图用以展现用地范围内场地建筑的三维空间效果；用地范围内主要为建筑的平立剖图纸。

7.3.4　修建性详细规划编制步骤

修建性详细规划的编制步骤相比总体规划、控制性详细规划稍简化一些。它由用地建设单位委托设计单位进行设计。注意，城市重点地段由城乡规划主管部门组织编制。

第一步，进行现状基础资料的搜集和分析，设计人员需要现场踏勘，准确把握用地情况和建设条件。

第二步，进行方案的构思，多方案比较。

第三步，征求建设单位、相关部门的意见，对方案进行修改完善。这个过程时间相对会比较长，可能会遇到多方利益的权衡，如开发商、政府、居民之间的利益协调。

第四步，在方案确定后，要按照修建性详细规划的编制要求，完成成果，包括图纸绘制和设计说明书的撰写。

任务 7.4　南通市中央商务区修建性详细规划

7.4.1　项目概况

南通市位于江苏省东部、长江三角洲北翼，依江傍海，三面环水，形同半岛。南与上海、苏州隔江相望，北依广袤的苏北平原。城市按照"依托江海、崛起苏中、融入苏南、接轨上海、走向世界、全面小康"的总体思路不断发展。本次规划地块位于南通老城区南部的

CBD。基地位于南通市新城核心区，介于老城与开发区之间的核心用地，整个基地四面临路，西临工农路，东靠园林路，北起崇川路，南至桃园路，总用地面积 60.51 公顷。基地北面是规划中的城市行政中心，基地南面是规划中的城市体育中心。规划以《南通市城市总体规划》《南通市新城区总体规划》和《南通市核心区控制性详细规划》等上位规划为依据，并遵守相关的法律法规。

规划范围现状用地基本平整，原有河道水系已经填埋，具有较为优越的建设条件，如图7-3 所示。

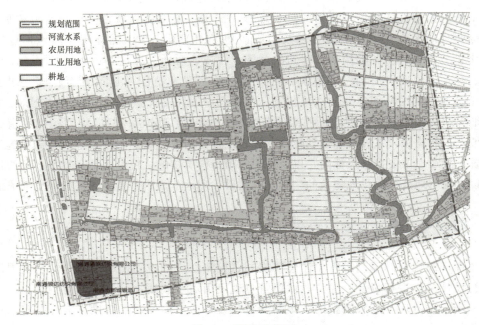

图 7-3　用地现状图

7.4.2　方案形成

南通 CBD 位于南通市新城中心区的中部，它的南面是体育中心，北面为行政中心。CBD 外围西侧有一条连接旧城区与新城中心区的主要道路——工农南路，沿工农南路组织 CBD 的主要商务公共功能并设置 CBD 的主要入口。CBD 外围东侧规划有一条主要景观性道路——园林路，园林路东侧为大学城。沿园林路展开 CBD 的居住功能组团，充分利用外部优越的景观环境资源，延续中心区内部已有的生态绿地系统，并在其两侧形成商业服务功能。在基地东西向组织一条 CBD 内部的重要水系，构建 CBD 内部狼山风景区的视线通廊，落实上层次规划已确定的 CBD 内部道路系统。除南北和东西绿化景观轴线，增加 CBD 内部的组团级绿地生态系统，确定 CBD 两侧的功能结构与交通系统。营造环 CBD 核心区水系，并依此构建半岛购物中心。设置 CBD 核心区复合功能组团。基地的用地功能布局图如图 7-4 所示。

7.4.3 建筑空间布局

依据用地功能进行建筑空间的初步布局。在初步布局这一阶段，通常会进行多方案的比选。方案一如图 7-5 所示，中心的水景与商业布局灵活，外围组团式布局规律又不缺变化，建筑布局疏密有致，高低错落。方案二的布局稍显规整，强调了工农南路景观的设计，中心景观不够突出，稍显生硬，如图 7-6 所示。

在方案比选的过程中，通常会进行设计团队内部讨论，征询甲方意见或邀请专家点评。对选定方案进行深化完善，并进行开发强度等指标的核算，最终形成总平面图，如图 7-7 所示。总平面图既包含场地环境、建筑布局、道路交通、绿地景观等的渲染，还包括指北针、比例尺、层数、功能等各种标注。

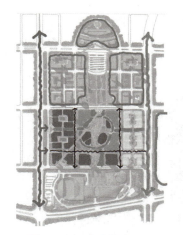

图 7-4　用地功能布局图

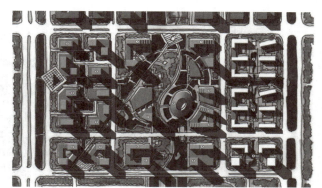

图 7-5　方案一

7.4.4 三维渲染

为了更直观地表达设计思想，可以进行三维渲染，从不同角度、不同场景、不同时间段去展示设计亮点。比如黄昏时分从东南角鸟瞰 CBD（见图 7-8）；利用中心水系构建的半岛购物中心（见图 7-9）；从南向北能感受到轴线从南端体育中心出发直抵北部行政中心，半岛购物中心成为轴线上的"明珠"（见图 7-10）；白天从西北角鸟瞰 CBD（见图 7-11）。

整个设计不是单纯的场地内设计，充分考虑了与周边城市功能之间的关系，CBD 充分衔接了行政中心和体育中心，共同形成新城中心。

城市中心的风貌很多时候是通过街景立面展示出来的，应结合不同的建筑功能，考虑日照间距、通风走廊、建筑前后阻挡关系确定建筑高度，形成高低错落的天际轮廓线（见图7-12）。

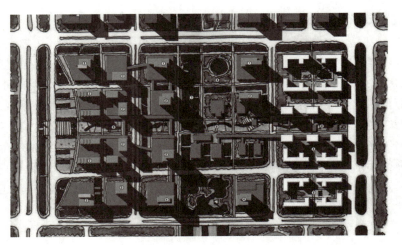

图 7-6　方案二

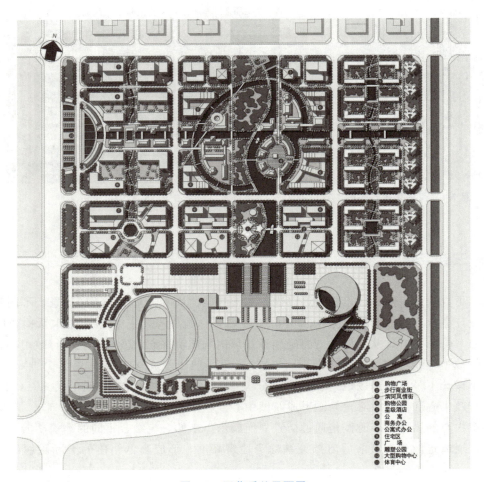

图 7-7　深化后总平面图

图 7-8　黄昏时分从东南角鸟瞰

图 7-9　半岛购物中心

图 7-10　轴线鸟瞰

图 7-11　白天从西北角鸟瞰

图 7-12　街景立面图

任务 7.5　村庄规划

7.5.1　村庄规划概述

国土空间规划城镇开发边界外的详细规划被称为村庄规划。

1. 村庄的定义

村庄是以农业生产生活为主的居民点，是农村居民点的统称。村庄物质环境空间主要由村民生产生活建筑、道路交通、公用设施、生产设施、绿化空间构成。

2. 村庄的分类

按照体系层次，村庄分为中心村和一般村。中心村相对于一般村，在规模、配套等方面会有所不同。

按照村庄规模（主要参考村庄人口），村庄分为特大型、大型、中型和小型。

按照村庄职能，村庄可以分为农业型、林果业型、渔业型、工业型、商贸型和旅游型。村庄规划也会充分考虑村庄现状资源，选择适合村庄发展的职能。

按村庄位置，村庄可以分为城郊型、城镇型和乡村型。这与城镇高速发展相关，村庄与城镇的位置关系变得复杂多样。在最早期，村庄为了便于耕作，都是位于城镇以外，但随着城镇的发展扩张，有些村庄就会被城镇包含，成为城镇型村庄，也被称为城中村。有些村庄已经处在城镇的边缘，被称为城郊村。

3. 我国村庄的现状特点

我国村庄现状特点概述为以下五点。一是土地资源利用现状问题突出，表现在建设无序，占用耕地现象普遍；空间布局散乱，村容村貌不佳；自建新房、废弃老房，内空外延，加剧人-地-环境矛盾。二是环境建设滞后，脏乱差现象普遍，比如生活污水随意排放；生活垃圾随意丢弃。三是乡村工业发展无序，环境污染、土地资源被破坏。四是村庄基础设施建设、公共建筑配置地区差距大：有的村道路、绿化景观、体育休闲场所等建设已经完善，而有些偏远村庄连一条进村的硬化路面都没有。五是劳动力外流，空心村、留守村问题突出。

以广东省城镇和乡村居民收入的数据对比来看城乡居民收入差距。2019 年广东省城镇居民与农村居民的收入比是 2.56；差距最大是在 2000—2010 年，收入比高达 3 以上；差距最小的是 1982 年，也有 1.65。农村居民的收入长期远低于城镇居民收入，虽然 2010 年后城乡居民收入比在下降，但仍有较大差距。

我国很多空心村、留守村等都来源于一个群体——农民工。据统计，2018 年全国有 2.88 亿农民工。农民工数量虽还在增长，但增速明显下降，由此产生的留守儿童问题也成为社会比较关注的问题。

4. 乡村振兴战略

2017 年党的十九大首次提出实施乡村振兴战略，同年中央农村工作会议提出"走中国特色社会主义乡村振兴道路"，2018 年中共中央、国务院联合印发《乡村振兴战略规划（2018—2022 年）》。2020 年《中华人民共和国乡村振兴促进法》进入立法程序，并于 2021 年 6 月 1 日正式施行。

乡村振兴的内涵是坚持产业兴旺、生态宜居、乡风文明、治理有效、生活富裕的方针，抓住产业振兴、人才振兴、文化振兴、生态振兴和组织振兴。

7.5.2　村庄规划的层次体系

1. 村庄规划的地位

村庄规划在法定城乡规划体系、国土空间规划体系、乡村振兴战略中都占有举足轻重的作用。在城乡规划体系中，村庄规划与城镇体系规划、城市规划、镇规划、乡规划并列，是单列出来的规划层级。

在国土空间规划体系中，村庄规划属于城镇开发边界外的详细规划，与城镇边界内的控制性详细规划、修建性详细规划具有同等地位。

在乡村振兴战略中，也对村庄规划提出相应的要求。如广东省《关于推进乡村振兴战略的实施意见》指出县（市、区）需制定相应的县域乡村振兴规划；以县为主体，到 2019 年实现县域乡村建设规划全覆盖，到 2020 年基本完成村庄规划和村土地利用规划编制。

2. 村庄规划的编制层次及内容

《广东省实施乡村振兴战略规划（2018—2022 年）》提出，推进城乡统一规划，推动村庄规划管理全覆盖，加快乡村建设规划和村庄规划编制。明确乡村振兴有三个规划层次：第一个层次是土地利用规划，主要是确定建设用地规模和总体安排；第二个层次是县域乡村建设规划，主要目的是确定村庄居民点的布局；第三个层次是村庄规划，深入每个村庄，确定建设用地范围。

宏观层面上，首先要编制乡村振兴战略规划，这是一个战略性的纲要，是上位规划要求。中观层面是县（市）域乡村建设规划，是乡村振兴战略规划的深化，但是规划的范围是村域层面去进行规划，主要负责完成村庄体系、村庄布点的相关内容。微观层面就是国土空间规划体系中的村庄规划，是对村庄建设的具体安排。

（1）国家乡村振兴战略规划。

国家乡村振兴战略规划主要有产业振兴、人才振兴、文化振兴、生态振兴和组织振兴等内容。

（2）省级的乡村振兴战略规划。

省级的乡村振兴战略规划是各省在国家层面战略规划的指导下，结合各自情况进行的细化。如广东省乡村振兴提出产业兴旺、生态宜居、乡风文明、治理有序、生活富裕、城乡融合等策略。

（3）县（市）域乡村建设规划。

在省乡村振兴战略规划指引下，各县市编制县（市）域乡村建设规划。以广东省为例，出台《广东省县（市）域乡村建设规划编制指引（试行）》，具体指导规划编制。

在编制范围上，要求县（市）域内除县城城镇规划区外的所有乡镇和村庄都需要纳入规划范围。在规划编制期限上，要求与县（市）总体规划一致，重点制定近期五年行动计划。五年行动计划应纳入县（市）国民经济和社会发展规划，可视作县（市）域乡村地区的近期建设规划。

在内容上，县（市）域乡村建设规划要求包含现状综合评估、乡村建设规划目标、乡村体系规划、乡村用地规划、乡村重要基础设施规划、乡村公共服务设施规划、乡村风貌规划、乡村历史文化保护规划、村庄人居环境整治指引、实施机制等内容，在这个层次更强调乡村体系规划的内容。

重点的乡村体系规划分为分区体系、村镇体系和分类体系。对于不同的分类，需要在县（市）域乡村建设规划中给出不同的规划指引。一般分为基本保障类、环境改善类和特色营造类，分别对应干净整洁村、美丽宜居村和特色精品村。

从成果上看，主要包括规划文本、规划图件、规划说明书和其他必要的相关文件。各地可根据实际需要对本地区乡村旅游、特色产业、生态景观保护、文化传承等影响乡村建设的重大问题进行专项研究，编制专题研究报告或专项规划。规划图件主要包括县域乡村用地现状图、县域乡村用地规划图、分区体系规划图、村镇体系规划图、村庄分类指引图、公共服务设施规划图和基础设施规划图。

（4）村庄规划。

村庄规划主要包括村庄总体规划和村庄建设规划。

从规划内容上说，村庄总体规划主要包含村庄布点规划、确定村庄性质和目标、村庄规模和总体布局、村庄生产生活服务设施的配置。村庄建设规划主要包括明确各类用地总量，界定不同用地范围，确定居民点和主要基础设施的位置和规模、道路交通规划，确定禁建、限建和适建区，对村庄的农房、道路、供水、供电、绿化等生产生活服务设施做出具体安排。

从村庄规划的编制程序上看，大体可以分为三个阶段。在规划前期，主要是基础资料的调查、收集、整理，并进行现状分析；规划中期主要是进行村庄规划方案的编制，同时多方征求意见，更要多听取村民的意见；规划后期主要是村庄规划成果审批，进行规划实施与维护。

在这三个阶段中，最先开始且工作量较大的工作就是收集资料，主要是三方面的资料：一是村庄区位、自然、人口、经济、文化等基本情况，村庄土地利用现状、用地权属、村庄建筑、设施、道路等建设现状，以及上位规划、专项规划与相关政策法规；二是图纸资料，包括前期就需要用到的现状地形图、卫星影像图等；三是访谈资料，包括上级乡镇、村委会的发展规划、村民需求和意愿等。

7.5.3　广东省村庄规划新要求

1.《广东省村庄规划编制基本技术指南（试行）》

从规划内容上看，广东省村庄规划强调七个方面的内容。其一，在发展目标上，需要制定村庄发展、国土空间开发保护、人居环境整治目标，落实耕地保有量、基本农田保护面积、村庄建设用地规模等约束性指标。其二，在生态保护修复方面，需要落实生态保护红线划定成果，划分生态空间；明确生态空间管制规则。其三，在耕地和永久基本农田保护方面，落实永久基本农田和永久基本农田储备区划定成果，统筹安排农业发展空间；明确农业空间管制规则。其四，在历史文化传承与保护方面，划定乡村历史文化保护线，提出历史文化景观整体保护措施；提出村庄景观风貌控制性要求。其五，在产业和建设空间安排方面，合理安排产业用地布局；划定宅基地建设范围；合理布局公共服务设施、交通设施、市政设施。其六，在村庄安全和防灾减灾方面，提出农村建房安全管理要求及预防应对措施；提出村庄应急避难场所选址及建设要求。其七，在近期建设行动方面，提出近期推进项目，明确资金规模和筹措方式、责任主体和建设方式等。

从规划成果上看，村庄规划基本成果应包括"一图一表一规则"。"一图"指村庄规划总图，"一表"指近期建设项目表，"一规则"指村庄规划管制规则。有条件、有需要的地区可根据实际丰富规划成果。

2. 村庄专项规划

建设类主要包含社会主义新农村建设规划和美丽乡村建设规划；整治类主要是村庄整治规划；保护类主要包含传统村落保护规划和历史文化名村保护规划。

（1）建设类。

早期村庄规划很多进行的是社会主义新农村建设规划，主要侧重于村庄基础设施的建设布局。

美丽乡村建设规划相对新农村建设规划，在村庄环境建设、项目布局、实施行动上都更为丰富。

（2）整治类。

村庄整治类规划更为细化，主要针对的是"三清三拆三整治""垃圾、污水处理""村道硬化美化""场地优化美化""建构筑物整饰""设施完善提升""风貌特征建设"。通过整治规划，村庄面貌也会焕然一新。

（3）保护类。

传统村落保护规划主要依据《传统村落保护发展规划编制基本要求（试行）》进行编制，包含五个基本要求，即明确保护对象、划定保护区划、明确保护措施、提出规划实施建议和确定保护项目。

历史文化名村保护规划基于住房和城乡建设部《历史文化名城名镇名村街区保护规划编制审批办法》的要求进行编制，主要包括以下十点内容：①评估历史文化价值、特色和存在问题；②确定总体保护原则、内容和重点；③提出总体保护策略和市（县）域保护要求；④制定与名镇名村密切相关的地形地貌、河湖水系、农田、乡土景观、自然生态等景观环境的保护措施；⑤确定保护范围，包括核心保护范围和建设控制地带界线；⑥明确保护范围内建构筑物和环境要素的分类保护整治要求，对历史建筑进行编号，分别提出保护利用的内容和要求；⑦提出继承和弘扬传统文化、保护非物质文化遗产的内容；⑧提出改善基础设施、公共服务设施、生产生活环境的规划；⑨提出保护规划分期实施方案；⑩提出规划实施保障措施。

历史文化名村的保护规划与传统村落保护规划一样，都需要划定保护范围。根据不同保护范围所应遵守的保护要求，进行总平面布局，包括建筑、道路、绿化、设施的布局以及项目策划。在非物质文化遗产的保护方面，规划需要挖掘非遗资源，并留出非遗活动所需要的空间场所。

思考题

1. 简述国土空间详细规划的定义与体系。
2. 简述控制性详细规划的作用与任务。
3. 简述修建性详细规划的编制内容与步骤。
4. 简述国土空间规划中的村庄规划编制背景。

项目 8　国土空间专项规划

项目概述

国土空间专项规划涉及的内容极其广泛。本项目独立章节详细介绍城市设计、城市道路交通与规划的编制原则、内容和方法。建议读者以本章为基础，进一步查阅相关专业书籍、技术标准与规范，结合课程设计与其他相关专业课程，学习专项规划的编制。

学习目标

知识目标：①掌握城市设计的编制内容、要素；②掌握道路交通规划包含的内容和编制的作用；③掌握城市道路分类；④掌握城市道路断面形式。

素养目标：①能进行城市设计案例评析；②能进行城市道路网密度分析；③能进行道路交通优劣势分析。

关键内容

重点：①城市设计编制内容；②城市道路交通组织形式。

难点：①对专项规划方案进行评析；②城市道路交通组织分析。

思政园地

绿 色 交 通

节约能源、提高能效、减少污染、有益健康、兼顾效率的出行方式，称为绿色出行。

道路畅通是绿色出行的核心。道路畅通，一方面是为了提高出行效率，降低社会运行成本；另一方面是为了减少机动车污染排放。文明开车也是绿色出行的一种方式。一个人能够经常做到有车而不开车、少开车，非常不容易，这是一个很高的境界。而有车并经常开车，是越来越多人的常态。所以，把文明开车纳入绿色出行的内涵，更具有现实意义。因为现实当中不文明开车的现象太多了，由此引发许多交通拥堵现象，如果大家都绿色出行，既可以减少拥堵，也可以保护环境。

在经济较为发达的北京、上海、广州等大城市，机动车排放的一氧化碳、碳氢化合物、氮氧化物、细颗粒物所占平均比例为 80%、75%、68% 和 50%，已成为这些城市空气污染的第一大污染源。污染损害了人体健康，又转化为经济负担。汽车是增长最快的温室气体排放源，全世界交通耗能增长速度居各行业之首。汽车还会造成噪声污染，破坏人体健康和生态环境。汽车数量的迅速增加使道路堵塞，导致低效率，使汽车原本应带来的快捷、舒适、高效无法实现。如何更多地享受汽车带来的好处，避免汽车带来的弊端？你我都需要绿色出行。一辆公共汽车约占用 3 辆小汽车的道路空间，而高峰期的运载能力是小汽车的数十倍。它既减少了人均乘车排污率，也提高了城市效率。而地铁的运客量是公交车的 7～10 倍，耗能和污染更低。

任务 8.1　城市设计

城市设计属于非法定规划，本任务在对城市设计进行概述的基础上，选取城市设计案例进行分析。

8.1.1　城市设计的定义

城市设计是人们为了特定的城市建设目标所进行的对城市外部空间和形体环境的设计和组织。它是对城市形态和空间环境所作的整体构思安排，贯穿城市规划全过程。

《中国大百科全书》称城市设计是对城市形体环境所进行的设计。《不列颠百科全书》称城市设计是对城市环境形态的合理处理和艺术安排。《新订都市问题事典》称城市设计是当建筑进一步城市化、城市空间更加丰富多样化时对人类新的空间秩序的一种创造。

从这么多对城市设计的描述中，看到最多的就是形体、空间、环境、建筑这样的关键词，那城市设计到底设计的是什么呢？

8.1.2　城市设计的内容

城市设计的内容可分成两大部分，一部分是特质景观构成要素，一部分是人文活动景观构成要素。特质景观构成要素又可以分成自然的和人工的。具体内容如图 8-1 所示。

8.1.3　城市设计的原则

城市设计的原则如下。

（1）应服从城市规划，具有整体性，并受城市性质、规模、社会文化和经济能力的制约。

（2）要强调人在城市中的主人翁地位，比如满足日照、通风、采光、防灾、安全等生理要求；扩大人行道、广场、公园等社会活动的空间；城市环境要考虑老人、青年、儿童、成人各有去处；同时使城市空间有人情味。

（3）突出城市个性，比如反映地理特征、建筑风格、历史传统的风尚等。

（4）强调城市的动态景观，考虑人在活动中对城市的印象。

（5）要满足使用要求和美学原则。

（6）坚持可持续发展的原则。

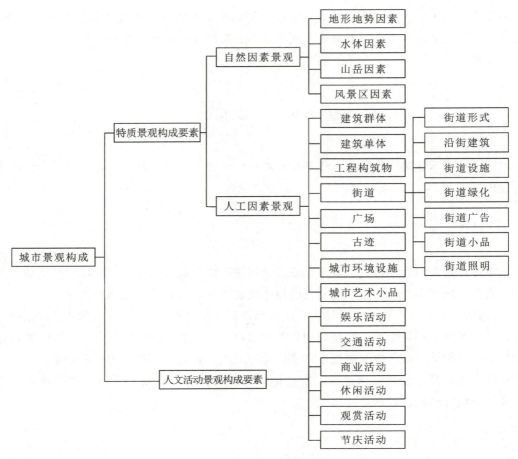

图 8-1 城市设计的内容

8.1.4 城市设计的要素

城市设计主要包含用地性质、用地强度和环境指标三方面的要素。

（1）用地性质。

对于用地性质，一般分为重点设计地段、居住区和特殊地段三类去考虑。重点设计地段在设计中主要是强调主题，比如商业中心、商业街、城市广场等。在一个规划范围内很多时候居住区占比是最大的，在城市设计中采用一般设计，以大片的统一基调为主。在设计中还有一些特殊地段，一般会成为城市设计的特色所在，比如山地、水域、名胜的周围环境。

土地使用设计分三个步骤进行，其内容如下。

①首先根据基本目标和预先的分析研究，建立土地开发设计的特定目标。

②为所需要的土地使用建立特定标准，特别应注意实施的可行性和使用的充分性。

③进行规划设计，即依据目标和标准确定土地使用格局。这里强调，设计之前必须有对这块土地的认知、理解和判断。只有确定了目标和开发理念，才能继续方案设计。

在方案过程中要考虑三个方面的内容，分别是土地的综合使用、对自然形体要素的使用及基础设施的布局。

①土地的综合使用是特定地段中各种用途的合理交织，指某块城市用地地界内的空间使用和占有情况。对设计用地进行必要的调整，对用地进行地上、地下、地面的综合开发，以建筑综合体的方式来提高土地使用效率。

②对自然形体要素的利用常常是城市特色所在。河岸、湖泊、海湾、旷野、山谷、山丘、湿地等都可成为城市形态的要素，设计时应该详细分析城市所处的自然基地特征并加以精心组织。历史上许多城市大都与其所在的地域特征密切结合，通过多年的苦心经营，形成个性鲜明的城市格局。

③城市设计对基础设施的考虑。城市基础设施狭义的概念指市政工程、城市交通及电力通信设备等，广义的基础设施还包括公路、铁路及城市服务事业、文教事业等。基础设施既是城市社会经济发展的载体，又是城市社会经济发展和环境改善的支持系统，其发展应与城市的发展互相协调、相辅相成。

（2）用地强度。

对于用地强度的设计，一般在城市设计中会参考控规指标，尽量把开发强度做小，与开发利益进行协调。

（3）环境指标。

在环境指标方面，设计时主要是考虑心理反应，可以体现在绿化指标、设施配套、景观美学和空间尺度等方面。

8.1.5　案例——威尼斯

威尼斯的风情总离不开水。蜿蜒的水巷，流动的清波，宛若含情脉脉的少女，眼底倾泻着温柔。其建筑、绘画、雕塑、歌剧等在世界上都有着极其重要的地位和影响。威尼斯有着"因水而生，因水而美，因水而兴"的美誉，享有"水城""水上都市"和"百岛城"等美称。威尼斯拥有繁忙的水上交通、丰富的旅游资源和浓郁的文化底蕴，这些都是城市设计要展现出来的东西。

（1）威尼斯的建造技艺。

威尼斯建造的方法是事先在水底下的泥土里打下大木桩，木桩一个挨一个，作为地基，打牢了，铺上木板，再于其上筑建筑。所以有人说，威尼斯城上面是石头，下面是森林。

（2）威尼斯的桥。

威尼斯的西北角有一条 4 千米长的长堤与大陆相通，它是意大利重要的港口。威尼斯及其潟湖由 118 个岛屿组成。威尼斯全市河道、运河共计 177 条，靠 401 座各式桥梁连接。威尼斯水道是城市的马路，市内没有汽车和自行车，也没有交通指挥灯，船是市内唯一的交通工具。除了小艇，所有交通工具都是禁止的。

（3）威尼斯的船。

独具特色的威尼斯尖舟有一个独具特色的名字——"贡多拉"，这种轻盈纤细、造型别致的小舟一直是居住在潟湖上的威尼斯人代步的工具。长 11 米，宽约 1.5 米，材料是栎木板，可以乘坐 6 人。

（4）威尼斯的建筑。

威尼斯建筑多形成于中世纪，同时拥有不少文艺复兴时期和巴洛克时期的建筑。威尼斯建筑不但融入了西方的特色，也有西亚的特点，建筑多为 3～5 层，并组成连续性很强的街道和围合式广场。威尼斯城内建筑多为陶瓦构成的坡屋顶，色彩为桃红色、砖红色，少量教堂等公共建筑为白色灰浆穹顶。建筑墙面以淡黄色、黄色、粉橙色、浅褐色、砖红色到紫红色等暖色系为主。

（5）威尼斯的节点。

在城市设计中，节点是设计的重点场所。威尼斯的节点包含圣匝加利亚教堂、利亚德桥、圣马可广场等。

围绕圣马可广场，周边有总督宫、圣马可大教堂、圣马可图书馆。从建筑高度、广场尺度、形状以及与水的关系等各个方面营造出具有代表性的广场空间之一。

任务 8.2　横琴一体化区域洪湾智慧城新型产业园城市设计

横琴一体化区域洪湾智慧城新型产业园城市设计整个规划内容分成三个部分，分别是产业定位、功能布局和近期行动。规划范围是一个产业园区，因此必须从产业分析开始，先确定产业定位，再进行生产用地、生活用地、配套用地的布局，从而进行总体设计，最后形成项目行动的策划方案。

8.2.1　产业定位

发展什么产业与该产业所处区位有着密不可分的关系。要从规划地块的区域价值开始分析，确定适合的目标定位，进而进行策划（见图 8-2）。

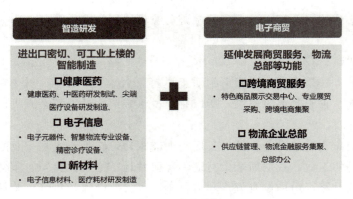

图 8-2　产业选择

规划从湾区价值、珠海价值和一体化区域价值三个方面，对规划地块的区域价值进行了总结。

在湾区层面，规划地块可以被看作粤港澳深度合作的战略支撑，具备承接香港航空产业外溢、深化粤港澳合作示范的发展条件。

在珠海层面，它是城市新中心的启动期产业支撑，是珠海联东启西的极核与咽喉，是参与珠海产业竞合的重要载体，能成为新型产业经济的增长极。

在一体化区域层面，它能起到构建横琴岛产业链环节所需的产业转化、高端制造功能的作用，成为一体化区域联动发展高地、完善横琴产业链的承接地。分析出规划地块所具有的区域价值，就能明确其发展方向和定位。

规划确立了"强化智造、突出商贸、深化融合、优化服务、塑造环境、提升颜值"的发展目标。确定洪湾智慧城是粤港澳物流园的重要组成部分，以"新型产贸园区、都市产业社区"理念打造粤港澳产业合作示范区、珠海市产业园区新标杆。

要达到这样的目标，首先得选对产业类型。产业选择须坚持"高""新"产业，重点关注主导产业，择机发展未来产业。

依托高端商贸物流产业的带动效应，向研发制造和商贸服务延伸，构建集智造研发与电子商贸于一体的高弹性产业业态组合。

配合产业发展目标的达成和智造研发＋电子商贸产业的发展，提出产业发展的六大举措：①深度谋划，抢抓粤港澳深度合作机遇，打造粤港澳产业合作示范区；②联动发展，构建集物流、商贸、制造、研发、服务于一体的产业体系；③双轮驱动，"政府＋平台"合作，引入产业运营商，整合产业链资源；④工业上楼，定制灵活产业空间，构建全产业链功能；⑤吸引龙头企业，重点关注区域五类产业外溢机遇；⑥政策保障，制定差异化的 M0 新型产业停车配建政策。

按产业相对集聚原则，引导产业功能配比和落位。确定电子商贸（15％）、研发制造（70％）、产业配套（15％）的产业配比。对各类产业的产品进行细分，并确定空间位置。电子商贸区：布局片区交通末端，靠近通关中心、高速出口，与通关中心、洪湾港形成整体，减少物流交通对地块的穿行；智能制造区：北面临立体交通，活力较低，以健康医药制造为主，往南逐步向制造、研发功能转变；产业配套区：依托轨道站点，结合片区中轴线集中设置。

8.2.2 功能布局

城市设计在分析的基础上最终是要落地的，这就体现在各功能空间的布局上。

（1）区域协调。

通常区域协调主要是从交通、结构和用地三个方面去对接。

在这次规划中，交通协调从对外交通方面提出分离穿越交通，设置保税专用通道，减少对基地内部的分割的目标，并针对目标提出区域交通的协调建议。从内部交通协调，规划提出打造米字形轨道交通结构与"两横四纵"常规公交走廊，争取 1 号线洪湾智汇城站，围绕轨道站点进行 TOD 综合开发等建议。

在结构协调上，立足区域山水格局，汇聚多维度发展动力。结合背靠山体丘陵，引入绿色廊道；结合周边水系，打造滨水活力带；通过多元核心带动片区特色差异化发展；结合周边区域定位，确定规划范围内的功能布局。

用地协调主要体现在延续区域方格路网、协调周边用地功能、混合布局、产城融合。

（2）目标与策略。

城市设计不同于其他规划类型，是指导空间发展的，从业态到用地到项目，如何发展需要有目标有策略。规划提出四大策略：通过活力轴线激活蓝绿空间；组织立体街坊，进行高强度立体开发；通过高品质服务构建创新生态；通过弹性发展塑造主题片区。

（3）空间布局。

以"核心＋轴线＋组团"的方式布局，形成"一谷、一街、一带、三组团"的空间结构。结合区域产业功能与空间条件进行功能布局；形成商贸物流、生产制造、研发办公、生活服务配套街坊式布局；居住、工作、游憩、交通高效连接；依托产城智汇谷打造中枢系统主轴，贯通南北，并形成三级廊道体系；结合场地周边的蓝绿空间基底构建人性化的社区公共空间网络，与社区内部慢行交通组织相叠合。

通过用地用途混合、空间立体复合、功能弹性转化进行引导，构建紧凑混合弹性的功能空间：新型产业用地（M0）及混合用地（M0＋M1）58.9公顷；结合站点设置商业新型产业3.9公顷；结合中轴线设置公园新型产业用地20.7公顷；经营性用地102公顷，占比60%。

通过三维的方式推敲空间关系，展现出空间格局，最终形成设计总平面，也是城市设计成果中最核心的内容。图8-3和图8-4所示分别为总平面图和效果图。

图 8-3　城市设计总平面图

图 8-4　效果图

8.2.3　近期行动

　　近期行动的内容能增强规划的可操作性。近期行动的策划需要考虑项目开发特点，理清思路，确定发展重点，并进行预算。在这个项目中，强调通过政府＋市场的有效配合，打造高品质、低成本的产业社区。功能上要符合定位和角色的需求，价值上要最大化和有升值空间。

　　从市场成熟度和集中建设显成效的角度，提出两种近期建设思路。第一个思路是按市场成熟度全面推进，第二个思路是按集中建设进行推进，两种方式结合，优缺点互补。

　　通过产业类型、建筑规模、进出口贸易额、预计带来产出、预计带来税收进行产业估算。城市设计也能结合开发运营提出建议，在这个方案里，结合实际情况，建议按三种模式联动开发。同时，核心地段预留部分土地采用 1.5 级开发。在标志性节点、轨道站点地区预留土地，近期采用 1.5 级开发，提供产业服务，预热土地价值，积聚人气。

任务 8.3　道路交通规划

8.3.1　城镇道路交通存在的问题

　　其一，过境交通穿越城镇，特别对于快速发展的小城镇，原承担过境交通功能的道路由于城镇的发展，转变成为穿越城镇的城市内部道路。这就造成道路上货运交通与居民通勤交通混杂，给城镇居民生活带来了交通隐患。城镇道路上多种交通工具和行人混杂，这种情况不利于交通组织与行人安全。虽然提倡多元交通方式共存，但是在管理上也需要同步进行改革：有些交通工具应被严格禁止，比如三轮车、摩托车等；有些交通出行方式应被提倡，但应给出相应的管理制度，比如共享单车，应划定单车停车范围、骑行通道等。

其二，交通流量在时间和空间上分布不均衡。这一问题表现为早晚高峰问题，即钟摆式交通。比如上班时间，城外向城中心的交通流量剧增，反向交通量较少；下班时间就刚好相反。那么这条道路在时间和空间上就都存在不均衡，道路交通资源得不到充分的利用。

其三，道路基础设施差。比如，在南方城市，遇到瞬时降水量较大，道路排水设施不足，导致雨水不能快速排出，路面积水，通行不畅。再比如，城市道路经常由于管线检修维护而封闭，自然会导致车流缓慢，形成拥堵。

8.3.2　城市交通系统与城市发展

城市中不论是创造财富的工作、商务活动，还是休闲、访友等社会活动都日益频繁，城市内部及城市间的联系也日益密切。这种联系必然伴随人员和货物的移动。人们在空间的移动能力已经成为当今社会一个最基本的价值，成为实现社会变革与发展进步的前提条件。

只有当城市交通发展达到一定水平，人们才能够更多地参与多样化的活动，才能创造出一个富有活力的城市。城市交通系统的目的是在可持续发展的原则下，实现城市中各种人员和货物更加有效、自由地移动。

将交通分为两部分，即城市交通与城市对外交通。前者主要指城市内部的交通，主要通过城市道路、公共交通系统来组织；城市对外交通则是以城市为基点与外部空间联系的交通，如铁路运输、水路运输、公路运输、航空运输和管道运输等。

8.3.3　城市交通与城市规划布局的关系

城市交通与城市的关系非常密切，对城市主要有以下几方面的影响。

（1）对城市形成和发展的影响。

交通是城市形成和发展的重要条件。交通运输方式配备的完善程度与城市规模、经济、政治地位有着密切的关系。绝大多数城市都具有水陆交通条件，大部分特大城市是水陆空交通枢纽。

（2）对城市规模的影响。

交通对城市规模影响很大，它既是发展的因素，也是制约的因素。特别是城市对外交通联系的便利程度，在很大程度上会影响城市人口的规模。

（3）对城市布局的影响。

城市交通对城市布局有重要的影响。城市的交通走廊一般也是城市空间布局发展的走廊，如哥本哈根的指状结构空间形态与支撑这一结构的轨道交通密切相关。

8.3.4　城市道路系统规划

（1）城市交通分布与城市道路系统。

城市交通是城市用地空间联系的体现，而道路系统联系着城市各功能用地。城市各组成部分对交通运输各有不同的需求，如工业企业、住宅区、公共服务区、车站、码头、仓库等是城市交通客、货流的吸引点，由此引起城市交通的发生、流向、流量，并形成了在城市内的全局分布，城市道路系统使这种联系成为可能。

城市道路交通有以下主要特征。

①在吸引点之间的车辆行人交通虽错综交织，但从其运输对象来说可以分为客流与物流两类，各有其特点。城市客流交通可以分为必要性交通和其他交通。其中必要性交通主要包括上班和上学的交通。这类交通调节的灵活性小。

②各类交通的流动路线、发生的强度随时间而变化，而且具有一定规律性。

③城市道路交通由于交通工具（方式）的不同，而对道路系统提出不同的要求，如三块板道路方便了自行车的使用；为了提高公共汽车的行驶速度，必须设置公共交通专用通道等。

④在一般城市道路系统中，道路的通过能力取决于交通方式的组织，一条小汽车专用道每小时可以通过 2 000～3 000 人，一条公交专用道每小时通过的人数就可以达到 1 万人甚至更多。

⑤静态交通（包括公共交通停靠站、停车场等）是城市道路交通的组成部分，必须在城市道路系统规划中统一考虑，并与步行通道和步行空间的设计结合起来。

（2）城市道路系统布置的基本要求。

①在合理的城市用地功能布局基础上，按照绿色交通优先的原则组织完善的道路系统。

城市各个组成部分通过城市道路构成一个相互协调、有机联系的整体。城市道路系统规划应该以合理的城市用地功能布局为前提，在进行城市用地功能组织的过程中，应该充分考虑城市交通的要求，与步行、自行车和公共交通等绿色交通体系相结合，才能得到较为完善的方案。

现代城市的道路必须满足交通安全、准时、便捷及提高城市环境品质的要求，在城市道路系统规划中，首先要考虑到城市空间的联系和功能布局。切忌仅仅从点和线的联系来考虑道路功能的布局。

在城市总体布局中要尽量使交通能够在全市范围内均衡分布，避免过于集中在少数干道上，造成交通复杂化和突出的单向交通的问题。仅仅依靠个别交叉口改造的立体化和某些通道的快速化来解决城市交通问题是不现实的。这种办法可能暂时提高某些路段的通行速度，但如果不对城市交通模式做出根本性调整，其作用很快就会被快速增长的交通量所抵消。

城市道路系统中交通干道应占有一定比例，通常用干道网密度来衡量，单位以 km/km^2 表示，即每平方千米城市用地面积内平均所具有的干道长度。干道网密度越大，交通联系也越方便，但密度过大，会造成城市用地不经济，增加建设投资。一般认为干道恰当的间距为 600～1 000 米，相应的干道网密度为 2～3 km/km^2。

②按交通性质区分不同功能的道路。

城市客货运交通和汽车数量迅速增长，很多城市的交通问题日趋严重。大量客货运机动车交通、自行车上下班交通、日常生活的行人交通等，在城市干道和交叉口经常发生矛盾，造成交通拥挤、阻塞，引起交通事故。其中重要因素是道路使用效率最低的小汽车的快速增长。按客货流的不同特性、交通工具的不同性能、交通速度差异进行分流，将道路区分不同功能也是一种应对的方法。

我国城市道路交通正处于发展阶段，在规划中，除大城市设有快速路外，大部分城市的道路按三级划分，采取下述规划指标：主干道（全市性干道），主要联系城市中的主要功能区、主要交通枢纽和全市性公共活动中心等，为城市主要客货运输路线；次干道（区干道），为联系主要道路的辅助交通路线；支路（街坊道路），是各街坊之间的联系道路。

除上述分级外，为了明确道路的性质、区分不同的功能，道路系统也可以分为交通性道路和生活性道路两大类。交通性道路主要用来满足城市中各分区之间的交通联系的需要以及城市对外交通枢纽之间的联系的需要。其特点为行车速度大、车辆多、行人少，道路平面线型要符合快速行驶的要求，如城市的快速路。生活性道路主要满足城市各分区内部联系的需要。其特点是车速较低，以行人、自行车和短距离交通为主；车道宽度可稍窄一些，两旁可布置为生活服务的人流较多的公共建筑，要保证有比较宽敞的人行和自行车使用的空间。

交叉口也是城市道路系统中的一环，其通行能力取决于交通方式的组织，在城市中心地区应尽量避免大型展宽交叉口，给行人穿越道路提供方便。在人流和车流都很密集的地区必须采取立体化和区域交通组织的措施。繁忙路口大型公共建筑的布置必须妥善考虑进出这些建筑的人流和车流组织。

③充分利用地形，减少工程量。

在确定道路走向和宽度时，尤其要注意节约用地和节省投资费用。自然地形对规划道路系统有很大影响。在地形起伏较大的丘陵地区和山区，道路选线常受地形地貌、工程技术、经济等条件的限制，有时候不得不在地面上做较大的改变，纵坡也要进行适当调整。如果片面强调平、直，就会增加土方工程量而造成浪费。因此，在规划道路系统时，要善于结合地形，尽量减少土方工程量，节约道路的基建费用，便于车辆行驶和地面水的排除。道路选线还要注意所经地段的工程地质条件，线路应选在土质稳定、地下水位较深的地段，尽量避开水文地质不良的地段。

④要考虑城市环境和城市面貌的要求。

道路走向应有利于城市通风，一般应平行于夏季主导风向。南方海滨、江滨的道路要临水敞开，并布置一定数量且垂直于岸线的道路。北方城市冬季严寒且多风沙、大雪，道路布置应与大风的主导风向呈直角或一定的偏斜角度，避免大风直接侵袭城市。山地城市道路走向要有利于山谷风通畅。

在交通运输日益增长的情况下，对车辆噪声的防治应引起足够的重视。一般在道路规划时可采取的措施有：过境车辆不穿越市区；在道路宽度上考虑必要的防护绿地来吸收部分噪声。沿街布置建筑物时，在建筑设计中应做特殊处理：一般可采取建筑物后退红线、房屋山墙对道路、临街布置有专用绿地的公共建筑等措施，还可根据具体情况调整道路横断面。另外，道路两侧的公共建筑也可以起到隔离噪声的作用。

城市道路特别是干道反映着城市面貌。因此，沿街建筑高度和道路宽度之间的比例要协调，并配置恰当的树丛和绿带；同时还应根据城市的具体情况，把自然景色（山峰、湖泊、公共绿地）、历史文物（宝塔、桥梁、古建筑）、重要现代建筑贯通起来，在不妨碍道路主要功能的前提下，使之形成一个整体，使城市面貌更加丰富多彩。

⑤要满足敷设各种管线及与人防、防灾工程相结合的要求。

城市中各种管线一般都沿着道路敷设。各种管线工程的用途不同，其性能和要求也不一样。它们相互之间要求一定的水平距离，以便在施工养护时不致影响相邻管线的工作和安全。因此，规划道路时要考虑有足够的用地。一般管线不多时，应根据交通运输等要求来确定道路的宽度。

在规划道路中的纵断面和确定路面标高时，对于给水管、燃气管等有压力的管道影响不大，因为它们可以随着道路纵坡度的起伏而变化。雨水管、污水管是重力自流管，排水管道要有纵坡度，道路纵坡设计应与之配合。

道路规划也应和人防、防灾工程规划相结合，以利战备、防灾疏散。城市要有足够数量的对外交通出口，有一个完善的道路系统，以保证平时、战时、受灾时交通通畅无阻。

（3）道路系统形式。

道路系统形式一般可以分为方格网式路网、环形放射式路网、混合式路网、自由式路网四种。这些形式是在一定的社会条件、自然条件、现状条件以及当地的建设条件下，适应城市交通及其他要求而逐步形成的。同一个城市的不同地区也可能有这几种不同的形式，或不同形式的组合。选用哪种形式与城镇所处区域的地形地貌、城镇规模有着密切关系。

（4）道路宽度及横断面的确定。

城市道路宽度有路幅宽度与道路宽度两种含义。

路幅宽度，即道路红线之间的宽度，是道路横断面中各种用地宽度的总和。城市道路宽度的确定应根据城市的性质、规模和道路系统规划的要求，并综合考虑交通量（机动车、非机动车和行人）、日照、通风、管线敷设以及建筑布置等因素，同时要综合不同城市在各时期内城市交通和城市建设上的不同特点，远近结合，统筹安排，适当留有发展余地。道路宽度，只包括车行道与人行道宽度，不包括人行道外侧沿街的城市绿化等用地宽度，主要由道路的功能来决定。

城市道路横断面的基本形式有四种，简称为一块板、两块板、三块板和四块板。一般应根据道路性质、等级，并考虑机动车、非机动车、行人的交通组织以及城市用地等具体条件，因地制宜确定，不应受基本形式的限制。一块板是所有车辆都在同一条车行道上双向行驶；两块板是由中间一条分隔带将车行道分为单向行驶的两条车行道，机动车与非机动车仍为混合行驶；三块板有两条分隔带，把车行道分成三部分，中间为机动车道，两旁为非机动车道；四块板有三条分隔带，既能分隔双向车流，又能分隔机动车和非机动车。除了这四种以外，横断面的组成还可以有其他形式。在确定人行道的宽度时，要充分考虑到自行车停放的要求。

为了适应城市交通运输不断发展的需要，道路横断面的设计既要满足近期建设要求，又要能为远期发展提供过渡条件。

8.3.5 停车场布局

道路交通规划除了考虑道路系统这样的动态交通，还需要考虑停车、交通设施等静态交通。比如对于停车设施就要做出具体的空间布局。

停车场是城市道路交通不可分割的组成部分。停车控制是城市交通政策的一个重要组成部分，一般都采取分地区、时段级差收费的办法，来控制城市中心区小汽车的过度使用。随着城市交通量的日益增长，停车问题已经非常迫切。一般城市较少设置公共停车场，车辆随意停在路边不仅占据街道空间，有碍市容，也严重影响街道的通行能力、行车速度和行车安全。因此，在进行城市规划时，应布置街道范围之外专用的公共停车场。城市中心区的停车场规模不宜过大，可避免车辆进出停车场造成交通拥堵。

（1）停车场规模。

停车场建设应考虑影响停车需要的多种因素，包括城市规模、中心商业区吸引力的强弱、城市的土地利用、汽车保有状况、城市公共交通的服务水平、城市停车控制方法等。

城市规划中对停车场用地（包括绿化、出入口通道以及某些附属管理设施的用地）进行估算时，每辆车的用地可采取如下指标：小汽车的为 30～50 平方米、大型车辆的为 70～100 平方米、自行车的为 1.5～1.8 平方米。对小型停车场，在小城镇和城市中心用地紧张地区宜取低值。

我国城市道路交通规划设计规范规定，城市公共停车场的用地总面积按规划城市人口每人 0.8～1.0 平方米进行计算，其中机动车停车场的用地为 80％～90％，自行车停车场的用地为 10％～20％。

（2）停车场的分布。

停车场的分布应根据不同类型车辆的要求分别考虑。城市外来机动车公共停车场，主要为过境的和到城市来装运货物的机动车停车而设，由于这些车辆所装载的货物品种较杂，有些甚至是有毒、有气味、易燃、易污染的货物以及活牲畜等，为了城市的安全防护和卫生环境，不宜入城。装完待发的货车也不宜在市区停放过夜，应停在城市外围靠近城市对外道路的出入口附近。其车位数占城市全部停车位的 5％～10％。

市内机动车公共停车场主要为本市的和外来的客运车辆在市中心区和分区中心地区办事停车服务，所以设置了大量停车泊位，以客车为主。在市中心区和分区中心地区的停车位数应占全部停车位的 50％～70％。

不同地块的停车需求量和停车高峰时段是不同的，视土地和建筑物的使用性质而定，可以将几处不同高峰时段的停车需求组合在一起，提高停车位的利用率。

市内自行车公共停车场主要为本市自行车服务，停车场宜多，可分散到各种公共设施建筑、对外交通站场、公共交通和轮渡站、公共设施和公共绿地的附近。

（3）停车场服务半径。

机动车公共停车场的服务半径，在市中心地区不应大于 200 米；一般地区不应大于 300 米；自行车公共停车场的服务半径宜为 50～100 米，并不得大于 200 米。

在布局原则上，首先要考虑社会停车场的需求量、布局的均衡性等布局要求。还要注意停车场（库）出入口宜布置在次要道路上，减少对主要交通道路的干扰。同时为了节约土地，停车设施可采用地下、半地下相结合的方式。车位布局时，可结合场地实际情况选择平行式、垂直式或斜列式。

8.3.6 对外交通规划

城市道路系统、停车设施都是城镇内部道路交通，是为城镇非基本职能服务的。但城镇的发展依托对外的基本职能，需要有合适的对外交通进行配合。这里可以考虑两个层面，一个是镇域内的道路交通规划应满足镇区与村庄间的车行、人行以及农机通行的需要；另一个是镇域外的道路系统应与公路、铁路、水运等对外交通设施相互协调，并应配置相应的站场、码头、停车场等设施。

（1）铁路在城市中的布置。

从与城市的关系来看，城市范围内的铁路建筑和技术设备基本上可归纳为两类。一类是直接与城市生产和生活有密切关系的客、货运设备，如客运站、综合性货运站及货场等，应按照它们的性质分布在城市市区或接近城市中心；设在城市市区外围地区的客运车站不便于人们的使用和发挥城市公共交通体系的集散作用；为工业区和仓库区服务的工业站和地区站应设在该有关地区附近，一般在城市外围。另一类是与城市生产与生活没有直接关系的技术设备，如编组站、客车整备场、迂回线等以及其他设备，在满足铁路技术要求以及配合铁路枢纽总体布置的前提下，尽可能布置在离城市外围有相当距离的地方。

在城市铁路布局中，站场位置起着主导作用，线路的走向是根据站场与站场、站场与服务地区的联系需要而确定的。

铁路站场的位置与数量与城市的性质、规模，铁路运输的性质、流量、方向、自然地形的特点以及城市总体布局等因素有关。

（2）港口在城市中的布置。

港口是水陆联运的枢纽，也是水上运输的枢纽。它的活动是由船舶航行、货物装卸、库场储存以及后方集疏运四个环节共同完成的，这四个生产作业系统的共同活动形成了港口的综合通过能力——吞吐量。由此可见，港口的生产活动必须有港口城镇的相应设备、设施来保证；港口的综合通过能力将受到最薄弱环节的制约。因此，必须使各个环节紧密配合、相互协调。港口活动的特点要求港口与城市建设必须配套进行。

港口分为水域和陆域两大部分。水域是供船舶航行、运转、停泊、水上装卸等作业活动用的，它要求有一定的水深和面积，并且风平浪静；陆域是供旅客上下、货物装卸、存放、转载等作业活动用的，它要求有一定的岸线长度、纵深与高程。

为了提高装卸效率，防止环境污染，方便港区管理，降低运输成本，现代港口的发展出现了船舶大型化、装卸机械化、码头专业化的趋势和特点。

港口后方集疏运是港口城市交通的重要组成部分。对城市而言，港口货物的吞吐反映在两个方面：以城市为中转点向腹地集散；以城市为终始点，由城市本身消耗与产生。前者主要是以中长距离为主的城市对外交通；后者则主要是以短途运输为主的城市市内交通。它们之间必然产生互为补充的衔接联系，从而构成完善的城市交通运输网，以综合解决港口后方的集疏运问题。现代港口城市发展与建设，首先反映在新的快速高效的城市对外交通与城市道路系统的建立上。

（3）公路在城市中的布置。

在城市范围内的公路，有的是城市道路的组成部分，有的则是城市道路的延伸。在进行城市规划时，应结合城市的总体布局合理选定公路线路的走向及其站场的位置。

城市规划中公路交通与城市的关系有以下三种情况。

①以城市为目的地的到达交通，要求线路直通市区，并与城市干道直接衔接。

②同城市关系不大的过境交通，或者是通过城市但可不进入市区，客货作暂时停留（或过夜）的车辆，一般宜尽量由城市边缘通过。

③联系市郊各区的交通一般多采用绕城干道解决。

我国高速公路的断面组成是在中央设分隔带，使车辆分向安全行驶，与其他线路交叉时采用立体交叉，并控制出入口；有完善的安全防护措施，是供高速（一般为 80~120 km/h）行驶的汽车专用道。它的布置应离开市区，与市区的联系必须通过专用通道，或采用有效控制的互通式立体交叉。

公路车场可分为客运站、货运站；按其车站所处的地位不同，可分为终点站、中间站、区段站。长途汽车站场的位置选择对城市规划布局有很大影响。在城市总体规划中考虑功能分区和干道系统布置的同时，要合理布置汽车站场的位置，使它既使用方便，又不影响城市的生产和生活，并要与铁路车站、港区码头有较好的联系，便于组织联运。

思考题

1. 简述国土空间专项规划编制的意义。
2. 简述城市设计编制的作用与内容。
3. 简述城市道路交通规划编制内容。

参 考 文 献

[1] 张京祥，黄贤金. 国土空间规划原理［M］. 南京：东南大学出版社，2021.

[2] 张占录，张正峰. 国土空间规划学［M］. 北京：中国人民大学出版社，2023.

[3] 谭婧婧，项冉. 城乡规划原理与设计［M］. 北京：北京大学出版社，2017.

[4] 程茂吉. 城镇开发边界的划定原则和管控政策探讨［J］. 城市规划，2019，43（8）：69-74.

[5] 崔功豪，魏清泉，刘科伟，等. 区域分析与规划教程［M］. 3版. 北京：高等教育出版社，2018.

[6] 丁成日. 城市增长边界的理论模型［J］. 规划师，2012，28（3）：5-11.

[7] 史育龙. 主体功能区规划与城乡规划、土地利用总体规划相互关系研究［J］. 宏观经济研究，2008（8）：35-40，47.

[8] 唐相龙. 新城市主义及精明增长之解读［J］. 城市问题，2021（1）：87-90.